老子·庄子

卷四

〔春秋〕老子
〔战国〕庄子 著
李楠 编译

徐无鬼

徐无鬼因女商见魏武侯，武侯劳之曰：『先生病矣，苦于山林之劳，故乃肯见于寡人。』徐无鬼曰：『我则劳于君，君有何劳于我！君将盈耆欲，长好恶，则性命之情病矣；君将黜耆欲，掔好恶，则耳目病矣。我将劳君，君有何劳于我！』武侯超然[1]不对。

少焉，徐无鬼曰：『尝语君吾相狗也：下之质，执饱而止，是狸德也；中之质，若视日；上之质，若亡其一。吾相狗又不若吾相马也。吾相马：直者中绳，曲者中钩，方者中矩，圆者中规。是国马也，而未若天下马也。天下马有成材，若卹[2]若失，若丧其一。若是者，超轶绝尘，不知其所。』武侯大悦而笑。

徐无鬼出，女商曰：『先生独何以说吾君乎？吾所以说吾君者，横说之则以《诗》《书》《礼》《乐》，从说则以《金板》《六韬》，奉事而大有功者不可为数，而吾君未尝启齿。今先生何以说吾君？使吾君说若此乎？』

徐无鬼曰：『吾直告之吾相狗马耳。』

女商曰：『若是乎？』

曰：『子不闻夫越之流人乎？去国数日，见其所知而喜；去国旬月，见所尝见于国中者喜；及期年也，见似人者而喜矣。不亦去人滋久，思人滋深乎？夫逃虚空者，藜藋柱乎鼪鼬之径，良位其空，闻人足音跫然而喜矣，又况乎昆弟亲戚之謦欬其侧者乎！久矣夫，莫以真人之言謦欬吾君之侧乎！』

徐无鬼见武侯，武侯曰：『先生居山林，食芧栗，厌葱韭，以宾寡人，久矣夫！今老邪？其欲干酒肉之味邪？其寡人亦有社稷之福邪？』

徐无鬼曰：「无鬼生于贫贱，未尝敢饮食君之酒肉，将来劳君也。」

君曰：「何哉，奚劳寡人？」

曰：「劳君之神与形。」

武侯曰：「何谓邪？」

徐无鬼曰：「天地之养也一，登高不可以为长，居下不可以为短。君独为万乘之主，以苦一国之民，以养耳目鼻口，夫神者不自许③也。夫神者，好和而恶奸。夫奸，病也，故劳之。唯君所病之何也？」

武侯曰：「欲见先生久矣。吾欲爱民而为义偃兵，其可乎？」

徐无鬼曰：「不可。爱民，害民之始也；为义偃兵，造兵之本也。君自此为之，则殆不成。凡成美，恶器也。君虽为仁义，几且伪哉！形固造形，成固有伐，变固外战。君亦必无盛鹤列于丽谯之间，无徒骥于锱坛之宫，无藏逆于得，无以巧胜人，无以谋胜人，无以战胜人。夫杀人之士民，兼人之土地，以养吾私与吾神者，其战不知孰善？胜之恶乎在？君若勿已矣，修胸中之诚，以应天地之情而勿撄。夫民死已脱矣，君将恶乎用夫偃兵哉！」

【注释】

①超然：若有所失的样子。

②若卹：若有忧思、失落的意思。

③神者不自许：精神上并不自得、轻松。

【译文】

靠女商的引荐，徐无鬼得见魏武侯。武侯慰问他说：『先生一定是极度困惫了！因为隐居山林的劳累产生了困苦，所以方肯前来会见我。』徐无鬼说：『我是来慰问你的，你为何还慰问我！你想要满足个人的嗜好和欲望，增多爱憎的感情，那么性命攸关的心灵就会被弄得疲惫不堪；你想要放弃嗜好和欲望，摒除喜好和憎恶，那么耳目的享用就会困顿乏厄。我正准备来慰问你，你对我有什么可慰问的！』听了徐无鬼的话，武侯怅然若失，不能应答。

不久，徐无鬼接着说：『请让我告诉你，我善于观察狗的形态以确定它们的优劣。下等品类的狗只求填饱肚子，这是跟野猫一样的禀性；中等品类的狗好像习惯于凝视上方，上等品类的狗便总像是忘记了自身的存在。我观察狗，又不如我对马的观察。我观察马的体态，顺直的部分要合于墨线，弯曲的部分要合于钩弧，方的部分要合于角尺，圆的部分要合于圆规，这样的马就是像国宝一样的马，不过还比不上天下最好的马。天下最好的马具有天生的材质，或缓步似有忧虑或奔逸神采奕奕，让人觉得总像是忘记了自身的存在，超越马群、疾如狂风把尘土远远抛在身后，却浑然不知这样高超的本领从哪里得来。』魏武侯听了，高兴地笑了起来。

徐无鬼出来后，女商问他：『先生究竟用了什么办法让我的君主这么高兴呢？我如果想让我的君主心情愉悦的话，横着说谈《诗》《书》《礼》《乐》，纵着评说《金板》《六韬》。我为魏王做事情，办成功的大事真是不计其数，但是我的君主从来没有给过我笑脸。现在先生用什么办法取悦我的君主，让我的君主那么和颜悦色呢？』

徐无鬼说：『我就是专门给他讲了一些相狗相马之类的技巧罢了。』

女商说：『就是说了这些吗？』

徐无鬼说：『你没听过在越国被流放的人吗？刚离开祖国的时候，一见到他所认识的人就高兴；离开越国十天、一个月以后，见到曾在国中见过而感到眼熟的人就欢喜；至于离开祖国一年的人，只要见到像越国的人就很高兴；这不就是离开的时间越长，对人的思念也就越深吗？如果是逃亡到没人烟的深山里，杂草丛生，野兽出没，人在荒不择路时突然发现一片空旷的地方，听到人走路的脚步声就会惊喜得跳起来了，又何况是亲人的说笑声在他的旁边呢！很久，没有人以真诚的话语在我君主的身旁谈笑了啊！』

徐无鬼拜见魏武侯，武侯说：『先生居住在深山老林，吃的是橡子，靠葱韭之类的菜蔬充饥，而谢绝与我交往，这种状况已经很久很久了！如今是上了年岁吗，还是由于为了寻求酒肉之类的美味呢？抑或有什么治国之道而造福于我的国家吗？』

徐无鬼说：『我自知出身贫贱，不敢奢望能够享用国君的美酒佳肴，只是打算来慰劳你。』

武侯说：『这从何说起啊！你打算怎么慰劳我呢？』

徐无鬼说：『慰劳你的精神和形体。』

献侯说：『你这么说是什么意思呢？』

徐无鬼说：『所有天地养生的道理是相通的，不能因为身居高位而纵欲，也不能因为出身低贱而废食。你是天下的君主，却使一国的百姓受苦，来颐养自己的各种欲望，那么心神就不能怡然自得。心神喜好虚静、恬淡、寂寞、无为之德而厌恶酒肉声色之。酒肉声色之乱是一种心神之病，所以我来慰劳你。只有你患这种病，为什么呢？』

武侯说：『我好久之前就想见先生了。我想爱护本国的人民，为了仁义而停止战争，这样可以吗？』

徐无鬼说：『不可以。想要爱护人民，就是残害人民的开始；为了仁义而停止武力，便是造成战争的根源。你如果从这方面着手治国，恐怕是不能取得成功的。凡是有心成就美名的人，便是落入形迹。你虽然是要推行仁义，却将接近于作假呀！有形迹的仁义一定会产生出有形迹的虚伪，成功必然招致失败，机心妄动必然生出祸端。你千万不要大张旗鼓地陈兵于楼观之间，不要集合步骑兵在锱坛宫地，不要包藏逆心，不要试图用智巧战胜别人，不要试图用谋略胜过别人，不要用战争打败别人。杀害别国的士兵百姓，兼并别国的土地，用来奉养自己的私欲和心神，这种战争不知有何好处？胜利又体现在哪里呢？你如果不能消除爱民之心，那还不如修养内心的诚意，来顺应天地自然无为之道，不用仁义去打扰百姓的正常生活。这样百姓自可脱离于死亡，你哪里还用得着去停止用兵呢？』

黄帝将见大隗乎具茨之山，方明为御，昌寓骖乘，张若、谐朋前马，昆阍、滑稽后车。至于襄城之野，七圣皆迷，无所问涂。

适遇牧马童子，问涂焉，曰：『若知具茨之山乎？』

曰：『然。』

『若知大隗之所存乎？』

曰：『然。』

黄帝曰：『异哉小童！非徒知具茨之山，又知大隗之所存。请问为天下。』

小童曰：『夫为天下者，亦若此而已矣，又奚事焉！予少而游于六合之内，予适有瞀病，有长者教予曰：「若乘日之车[①]而游于襄城之野。」今予病少痊，予又且复游于六合之外。夫为天下亦若此而已。予又奚事焉！』

黄帝曰：『夫为天下者，则诚非吾子之事。虽然，请问为天下。』小童辞。

黄帝又问。小童曰：『夫为天下者，亦奚以异乎牧马者哉！亦去其害马者而已矣！』

黄帝再拜稽首，称天师而退。

知士无思虑之变则不乐；辩士无谈说之序则不乐；察士无凌谇之事则不乐：皆囿于物者也。

招世之士兴朝；中民之士荣官；筋力之士矜难；勇敢之士奋患；兵革之士乐战；枯槁之士宿名；法律之士广治；礼教之士敬容；仁义之士贵际。农夫无草莱之事则不比；商贾无市井之事则不比；庶人有旦暮之业则劝；百工有器械之巧则壮。

钱财不积则贪者忧，权势不尤则夸者悲，势物之徒乐变。遭时有所用，不能无为也，此皆顺比于岁，不物于易者也。

驰其形性，潜之[②]万物，终身不反，悲夫！

【注释】

①乘日之车：比喻顺随着时光的流逝。②潜：犹没，沉溺。之：于。

【译文】

黄帝打算到具茨山去拜见大隗，方明负责赶车，昌宇做陪乘，张若、谐朋在马前引路，昆阍、滑稽在

车后跟随。来到襄城的田野里，七位圣人都迷路了，而且没有可以问路的地方。

正巧遇上一位牧马的少年，便向他问道：『你知道具茨山吗？』

少年回答说：『是的。』

又问：『你知道大隗居住在什么地方吗？』

少年回答说：『是的。』

黄帝说：『这位少年真是非同一般啊！不但知道具茨山在哪里，而且还知道大隗居住在哪里。请问知道如何治理天下。』

少年说：『治理天下的道理，也不过那些而已，还用得着做些什么呢？我幼年时独自在尘世闯荡，碰巧生了头眼眩晕的疾病，有位老人指点我说：「你还是乘坐太阳车去襄城的田野里去漫游吧。」如今我的病已经得到好转，我又将再到世间去遨游了。至于治理天下也不过如此而已，我还用得着做些什么呢？』

黄帝说：『治理天下，固然不是你操心的事。尽管如此，我还是要向你请教如何治理天下。』少年听了拒绝回答。

黄帝又问。少年说：『治理天下，跟牧马没什么区别！也不过是去除那些伤害马的天性的做法罢了！』

黄帝听了叩头至地，行了大礼，口称『天师』而离去。

善用智谋的人没有思虑上的变换便不会感到快乐，善于辩论的人没有思维缜密、逻辑清晰的辩论对手就不会感到快乐，洞察力强的人如果没有对别人的欺凌与责问就不会感到快乐，这些人都是受到外物的拘限与束缚的。

招引贤才的人来振兴朝政，善于治理百姓的人把做官当成荣耀，身强力壮的人以为他人排忧解难为自豪，英勇无畏的人遇上祸患总是冲锋在前奋力排除困难，全副武装的人喜欢征战，隐居山林的人只想保全名声，钻研法制律令的人一心推广法治，讲求礼乐的人注重仪态，施行仁义的人看重人际交往。农夫没有农事就不能安居乐业，商人没有贸易买卖就变得无所事事。百姓即使有短暂的工作就会努力去完成，工匠只要有能展示器械的技巧的活就会跃跃欲试。

钱财积攒得不多却贪婪的人总是忧愁不乐，权势不高私欲却很盛的人不大就会悲伤哀叹。依仗权势掠取财物的人热衷于变故。这些人一遇时机就会采取一定的行动，永远都不能够做到清静无为。

全身心地追逐并且沉溺于外物，这样的人一辈子也不会醒悟，不知返回人的自然本性，确实是可悲啊！

庄子曰：『射者非前期而中①，谓之善射，天下皆羿也，可乎？』

惠子曰：『可。』

庄子曰：『天下非有公是也，而各是其所是，天下皆尧也，可乎？』

惠子曰：『可。』

庄子曰：『然则儒、墨、杨、秉四，与夫子为五，果孰是邪？或者若鲁遽者邪？其弟子曰：「我得夫子之道矣，吾能冬爨鼎而夏造冰矣！」鲁遽曰：「是直以阳召阳，以阴召阴，非吾所谓道也。吾示子乎吾道。」于是为之调瑟，废一于堂，废一于室。鼓宫宫动，鼓角角动，音律同矣。夫或改调一弦，于五音无当也，鼓之，二十五弦皆动，未始异于声而音之君已。且若是者邪？』

惠子曰：『今乎儒、墨、杨、秉，且方与我以辩，相拂以辞，相镇以声，而未始吾非也，则奚若矣？』

庄子曰：『齐人蹢子于宋者，其命阍也不以完；其求钘钟也以束缚；其求唐子也而未始出域，有遗类矣！夫楚人寄而蹢阍者，夜半于无人之时而与舟人斗，未始离于岑而足以造于怨也。』

庄子送葬，过惠子之墓，顾谓从者曰：『郢人垩慢其鼻端，若蝇翼，使匠石斫之。匠石运斤成风②，听而斫之，尽垩而鼻不伤，郢人立不失容。宋元君闻之，召匠石曰：「尝试为寡人为之。」匠石曰：「臣则尝能斫之。虽然，臣之质死久矣。」自夫子之死也，吾无以为质矣，吾无与言之矣！』

管仲有病，桓公问之，曰：『仲父之病病矣，可不讳云，至于大病③，则寡人恶乎属国而可？』管仲曰：『公谁欲与？』公曰：『鲍叔牙。』曰：『不可。其为人洁廉、善士也，其于不己若者不比之，又一闻人之过，终身不忘。使之治国，上且钩乎君，下且逆乎民。其得罪于君也将弗久矣！』

公曰：『然则孰可？』对曰：『勿已，则隰朋可。其为人也，上忘而下畔，愧不若黄帝而哀不若己者。以德分人谓之圣；以财分人谓之贤。以贤临人，未有得人者也；以贤下人，未有不得人者也。其于国有不闻也，其于家有不见也。勿已则隰朋可。』

【注释】

①前期而中：按预定的目标射中靶。

②运斤成风：挥斧而成风声。

③至于大病：即一旦不治，百年之后怎么办的委婉说法。

【译文】

庄子说：『射箭的人若非预先瞄准而误中靶的，称他是神射手，那么普天下都是羿那样善射的人。可以这样说吗？』

惠子说：『可以。』

庄子说：『天下本没有广泛认可的正确标准，却各自以自己认可的标准为正确的，那么普天下都是唐尧那样的圣人，可以这样说吗？』

惠子说：『可以。』

庄子说：『那么郑缓、墨翟、杨朱、公孙龙四家，跟先生你一道便是五家，到底谁的主张是正确的呢？或者都像是周朝初期的鲁遽那样吗？鲁遽的弟子说：「我学得了先生的学问，便能够在冬天生火烧饭，在夏天制出冰块。」鲁遽说：「这只不过是用具有阳气的东西来招引出其他具有阳气的东西，用具有阴气的东西来招引出其它具有阴气的东西，这不是我所倡导的学问。我告诉给你我所倡导的道理。」于是，他当着大家调整好瑟弦，把一张瑟放在堂上，把一张瑟放在内室，弹奏起这张瑟的宫音而那张瑟的宫音也随之应合，弹奏那张瑟的角音而这张瑟的角音也随之应合，音调相同的缘故啊。如果其中任何一根弦改了音调，五个音不能和谐，弹奏起来，二十五根弦都产生震颤，然而却始终不会发出各种不同的声音，方是乐音之王了。而你可能就是像鲁遽那样的人吧？」

惠子说：「现在郑缓、墨翟、杨朱、公孙龙，他们正跟我一起辩论，彼此间用言辞进行指责，彼此间用声望压制对方，却从不曾认为自己是错误的，那么将会怎么样呢？」

庄子说：「齐国有个人使自己的儿子滞留在宋国，命令他守护城门而不让他有完整的身体，想要演奏却又把研钟包了起来，捆了又捆，他去寻找远离家门的儿子却不曾去过郊外，这就像辩论的各家忘掉了跟自己相似的情况！楚国有个人居住在别人家而怒责守门人，半夜无人时又跟附近的船家打了起来，还不曾离开岸边就又结下了怨恨。」

庄子去送葬，路上经过惠子的坟墓，回头对随从们说：『有一个郢人，一小滴白尘溅到他的鼻尖上，就像苍蝇的翅膀那样又薄又小，却让匠石把它砍削掉。匠石挥动斧头，呼呼作响，任凭斧子去砍削，把泥点全部削净而鼻子没有受到丝毫损伤，郢人凝然站立，神色不改。宋元君听说这件事，就把匠石找来说：「请你也试着为我砍削鼻尖上的泥点吧。」匠石说：「我以前是能够这么削的。尽管如此，但能让我施技的对象已经去世很久了。」自从惠施死后，我没有辩论的对象了，也就没有人可以进行辩论了。』

管仲生了病，齐桓公问他：『你的病已经很重了，毫不避讳地说，如果一旦病危不起，我把国事托付给谁才合适呢？』管仲说：『你想要托付给谁呢？』齐桓公说：『鲍叔牙。』管仲说：『不可以。鲍叔牙为人，是个比较清白廉正的好人，他从不去亲近不如自己的人，而且一听到别人的过错，一辈子也忘不掉，如果让他治理国家，对上势必约束国君，对下一定忤逆百姓。一旦得罪了国君，他也就不会长久执政了！』

齐桓公说：『那么谁才可以胜任呢？』管仲回答说：『我想，隰朋还可以。隰朋为人，对上不显耀位尊而对下不分尊卑，自愧不如黄帝又能怜悯不如自己的人。能用道德去感化他人的被称作圣人，能用财物去周济他人的被称作贤人。以贤人自居而驾临于他人之上，不会获得人们的拥护；以贤人之名而能谦恭待人，不会得不到人们的拥护。他对于国事一定不会事事听闻，他对于家庭也一定不事事看顾。如果万不得已，那么还是隰朋可以。』

吴王浮于江，登乎狙之山。众狙见之，恂①然弃而走，逃于深蓁。有一狙焉，委蛇攫搔，见巧乎王。王射之，敏给搏捷矢。王命相者趋射之，狙执死。

王顾谓其友颜不疑曰：『之狙也，伐其巧，恃其便以敖予，以至此殛也！戒之哉！嗟乎，无以汝色骄人哉！』颜不疑归而师董梧以助其色，去乐辞显，三年而国人称之。

南伯子綦隐几而坐，仰天而嘘②。颜成子入见，曰：『夫子，物之尤也。形固可使若槁骸，心固可使若死灰乎？』

曰：『吾尝居山穴之中矣。当是时也，田禾一睹我而齐国之众三贺之。我必先之，彼故知之；我必卖之，彼故鬻之。若我而不有之，彼恶得而知之？若我而不卖之，彼恶得而鬻之？嗟乎！我悲人之自丧者，吾又悲夫悲人者，吾又悲夫悲人之悲者，其后而日远矣。』

仲尼之楚，楚王觞之，孙叔敖执爵而立，市南宜僚受酒而祭，曰：『古之人乎！于此言已。』

曰：『丘也闻不言之言矣，未之尝言，于此乎言之。市南宜僚弄丸，而两家之难解；孙叔敖甘寝③秉羽，而郢人投兵。丘愿有喙三尺。』

彼之谓不道之道，此之谓不言之辩。故德总乎道之所一，而言休乎知之所不知，至矣。道之所一者，德不能同也；知之所不能知者，辩不能举也。名若儒墨而凶矣！故海不辞东流，大之至也。圣人并包天地，泽及天下，而不知其谁氏。是故生无爵，死无谥，实不聚，名不立，此之谓大人。狗不以善吠为良，人不以善言为贤，而况为大乎！夫为大不足以为大，而况为德乎！夫大备矣，莫若天地，然奚求焉，而大备矣。知大备者，无求，无失，无弃，不以物易己也。反己而不穷，循古而不摩。大人之诚。

【注释】

①恂：惊怕的样子。

②嘘：长长地吐气。
③甘寝：安寝。

【译文】

吴王乘舟在江上游览，登上了猕猴山。群猴看见他，都恐惧地逃离地面，逃到榛木丛中。只有一只猴子，从容自得地不断来回跳跃，向吴王显示灵巧。吴王用弓箭射它，它则敏捷地接取箭头。吴王命令随从上前一同射它，猕猴中箭抱树而死。

吴王回头对其朋友颜不疑说：『这只猕猴依靠它的灵便，在我面前傲视我，以至于这样丧命了。要引以为戒啊！唉！不要用傲慢的态度对待别人啊！』回去以后颜不疑拜董梧为自己的老师，除去自己骄傲的神情，甘受贫苦，辞谢显贵，修养了三年，获得了国人的称赞。

南伯子綦靠着几案静静地坐在那里，然后又仰着头缓缓地呼吸。颜成子进屋来看见了，说：『先生，你真是出类拔萃的人物！人的形体固然可以像枯槁的骸骨，心灵难道也能像死灰一样吗？』

南伯子綦说：『我曾经在山林洞穴里居住。正当这个时候，齐太公田禾来看望我，因而齐国的民众再三向他表示祝贺。我必定是名声在先，他才能够知道我；我必定是名声张扬，他才所以能利用我的名声。假如我没有名声，他怎么能够知道我这个人呢？假如我不是名声在外，他又哪里能够利用我的名声呢？唉，我悲悯自我迷乱且失却真性的人，我又悲悯那些悲悯别人的人，我还悲悯那些悲悯人们的悲悯者，从此以后我便一天天远离世间沉浮而达到心如死灰的境界了。』

孔子到了楚国，楚王用酒款待他。孙叔敖拿着酒器站在一旁，市南宜僚举酒洒地而祭祷，说：『顽固、愚昧的人啊，在这样的场合您必定要说话吧！』

孔子说：『我曾听过沉默之言，但还未曾告诉过人，在这里我不妨谈论它。市南宜僚从容弄丸，而两家兵难停止了；孙叔敖安寝恬卧，拿着扇子舞动，敌国不敢进兵侵犯，楚人也就弃戈息兵了。我希望有三尺长嘴不能说话！』

市南宜僚弄丸和孙叔敖甘寝两人的做法，便是不烦论说而道存；孔子不言的做法，便是没有言论而胜似雄辩。所以，每个人所得到的德都属于浑全纯一的大道中，言论泯灭于思虑所不能达到的境域，这就是大道的极致。道所具有的浑全性质，是德所不具有的。思虑所不能到达的境域，是不能用言语加以辩别的。像儒、墨那样以强辩而闻名于世，结果只能招致凶祸。所以大海不拒绝接纳东来的水流，因而能极为博大。圣人的功德包罗天地，恩泽布施天下，而天下人却不知道他是谁。所以在世时没有爵位，死后没有谥号，不聚敛货财，不扬名立身，这样的人便是大德之人。狗不会因为善于叫唤就是好的，人不因为说出一些德便是贤人，何况是原本就有心求大呢！有心求大则不足以成为大，更何况是有心修德呢！说到伟大完备，没有能与天地相比的了，但是天地哪里是因追求才伟大完备的呢！知道天地无心求大而大自然而然就有的人，无所求取，无所丧失，无所舍弃，不因外物而改变自己的本性。返归自然的本性就不会有穷尽，顺乎古道而不会费心揣摩，这就是大德之人的自然德性。

子綦有八子，陈诸前，召九方歅曰：『为我相吾子，孰为祥？』九方歅曰：『梱也为祥。』子綦瞿然①喜曰：『奚若？』曰：『梱也将与君同食以终其身。』子綦索然出涕曰：『吾子何为以至于是极也！』九方歅曰：『夫与国君同食，泽及三族，而况父母乎！今夫子闻之而泣，是御福也。子则祥矣，父则不祥。』

子綦曰：『歅，汝何足以识之，而梱祥邪？尽于酒肉，入于鼻口矣，而何足以知其所自来？吾未尝为牧而牂生于奥，未尝好田而鹑生于宎，若勿怪，何邪？吾所与子游者，游于天地。吾与之邀乐于天，吾与之邀食于地。吾不与之为事，不与之为谋，不与之为怪。吾与之乘天地之诚而不以物与之相撄，吾与之一委蛇而不与之为事所宜。今也然有世俗之偿焉！凡有怪征者，必有怪行。殆乎！非我与吾子之罪，几天与之也！吾是以泣也。』

无几何而使梱之于燕，盗得之于道，全而鬻之则难，不若刖之则易，于是乎刖而鬻之于齐，适当渠公之街，然身食肉而终。

齧缺遇许由，曰：『子将奚之？』

曰：『将逃尧。』

曰：『奚谓邪？』

曰：『夫尧畜畜然[2]仁，吾恐其为天下笑。后世其人与人相食与！夫民不难聚也，爱之则亲，利之则至，誉之则劝，致其所恶则散。爱利出乎仁义，捐仁义者寡，利仁义者众。夫仁义之行，唯且无诚，且假乎禽贪者器。是以一人之断制利天下，譬之犹一覕也。夫尧知贤人之利天下也，而不知其贼天下也，夫唯外乎贤者知之矣！』

【注释】

①瞿然：瞪大眼睛的样子，因惊喜而兴奋。

②畜畜：汲汲，不断追求的样子。

【译文】

子綦有八个儿子，他让儿子们站在一起，对邀请来的九方歅说：『请给我的儿子们相面，看谁有好运。』九方歅说：『梱有好运。』子綦惊喜地说：『为什么这么说呢？』九方歅说：『梱将来会和国君同饮食，以至于终身。』子綦听了立刻黯然神伤，流出眼泪，说：『我的儿子为什么会发展到这种程度呢？』九方歅说：『和国君同饮食，恩泽到三族，更何况是父母呢？现在你听到此事便哭泣，这是拒绝福分。儿子有好运了，父亲却没有好运。』

子綦说：『歅，你如何知道，梱真有好运气吗？只是酒肉到口鼻而已，你是如何知道他的由来呢？我没有放牧而西南屋角却生出小羊，我没有狩猎而东南屋角却有了鹌鹑，你不觉得奇怪吗？我与他想做的，乃是游于天地之间。我要求与他同享天伦之乐，我要求与他一起生活、吃住。我不希望和他一同追求事业，我不希望和他一起同谋共虑，不和他标新立异。我和他顺着天地的规律，而不使他和外物相搅扰；我和他顺应自然，而不和他选择事情合适的时候再去做。现在，却没有世俗的报偿！所有有奇怪征兆的，一定有奇怪的事情降临，这危险啊！这不是我和儿子的罪过，是上天降临给他的！我因此才哭泣的。』

过了没有多久，梱被派到了燕国，强盗在半路捉到了他，手足齐全的人很难卖掉，不如砍断了脚的卖起来容易。于是强盗们把他的脚砍掉，然后卖到齐国，正好被渠公任为门正，确实终身食肉。

啮缺遇见许由，说：『你准备去哪里呢？』

许由回答：『我打算逃避尧。』

啮缺说：『你说些什么呢？』

许由说：『尧，孜孜不倦地推行仁的主张，我担心他会受到天下人的耻笑。后代一定会人与人相食的！百姓，聚合在一起并不难，给他们爱护就会亲近，给他们一些好处就会靠拢，给他们奖励就会变得勤勉，送给他们所厌恶的东西就会分开。爱护和利益出自仁义，而弃置仁义的很少，利用仁义的很多。仁义的推行，只会没有诚信，而且还会被禽兽一般贪婪的人利用为工具。所以一个人的裁断与决定给天下人带来的好处，打个比方说就好像是短暂的一瞥。唐尧知晓贤人能给天下人带来好处，却不知道他们对老百姓的残害，而只有身处贤者之外的人才能明白这个道理。』

有暖姝者①，有濡需者②，有卷娄者③。

所谓暖姝者，学一先生之言，则暖暖姝姝而私自说也，自以为足矣，而未知未始有物也，是以谓暖姝者也。

濡需者，豕虱是也，择疏鬣长毛，自以为广宫大囿。奎蹏曲隈，乳间股郤，自以为安室利处。不知屠者之一旦鼓臂布草操烟火，而己与豕俱焦也。此以域进，此以域退，此其所谓濡需者也。

卷娄者，舜也。羊肉不慕蚁，蚁慕羊肉，羊肉羶也。舜有羶行，百姓悦之，故三徙成都，至邓之虚而十有万家。尧闻舜之贤，举之童土之地，曰：『冀得其来之泽。』舜举乎童土之地，年齿长矣，聪明衰矣，而不得休归，所谓卷娄者也。

是以神人恶众至，众至则不比，不比则不利也。故无所甚亲，无所甚疏，抱德炀和以顺天下，此谓真人。

于蚁弃知，于鱼得计，于羊弃意。

以目视目，以耳听耳，以心复心。若然者，其平也绳，其变也循。古之真人，以天待人，不以人入天，古之真人！得之也生，失之也死；得之也死，失之也生。

药也，其实堇也，桔梗也，鸡雍也，豕零也，是时为帝者也，何可胜言！

勾践也以甲楯三千栖于会稽，唯种也能知亡之所以存，唯种也不知其身之所以愁。故曰：鸱目有所适，鹤胫有所节④，解之也悲。

故曰：风之过，河也有损焉；日之过，河也有损焉。请只风与日相与守河，而河以为未始其撄也，恃源而往者也。故水之守土也审，影之守人也审，物之守物也审。

故目之于明也殆，耳之于聪也殆，心之于殉也殆。凡能其府于也殆，殆之成也不给改。祸之长也兹萃，其反也缘功，其果也待久。而人以为己宝，不亦悲乎！故有亡国戮民无已，不知问是也。

故足之于地也践，虽践，恃其所不蹍而后善博也；人之知也少，虽少，恃其所不知而后知天之所谓也。知大一，知大阴⑤，知大目，知大均，知大方，知大信，知大定，至矣！大一通之，大阴解之，大目视之，大均缘之，大方体之，大信稽之，大定持之。

尽有天，循有照，冥有枢，始有彼。则其解之也似不解之者，其知之也似不知之也，不知而后知之。其问之也，不可以有崖，而不可以无崖。颉滑有实，古今不代，而不可以亏，则可不谓有大扬搉乎！阖不亦问是已，奚惑然为！以不惑解惑，复于不惑，是尚大不惑。

【注释】

①暖姝者：自美自得的人。

②濡需者：苟且偷生的人。

③卷娄者：劳形自苦的人。

④节：适，谓仅能适宜于长。

⑤大阴：绝对的静止。

【译文】

有自满自得的人，有偷安一时的人，也有弯腰曲背、勤劳一生的人。

所谓自满自得的人，他们学会了一家之言，就变得扬扬得意、窃窃自喜起来，自以为很了不起了，却不知道其实并没有学到什么东西，所以称之为自满自得的人。

偷安一时的人就像猪身上的虱子，选择了猪头颈上稀疏的长毛寄居下来，就以为住进了深宫大院；躲进了猪的胯下脚边、大腿内侧、乳间腿隙，就自以为住到了安静居室。殊不知屠夫一旦放好柴草，点起烟火，它就将和猪一起被烧死。进退囿于所处的环境，这就是所谓偷安一时的人。

所谓鞠躬尽瘁、勤劳一生的人，就像舜那样。羊肉不会喜欢蚂蚁，蚂蚁却很喜欢羊肉，因为羊肉有羶腥味。舜有仁义之行，百姓就喜欢他，所以他迁居三次而所到之处都自然形成通都大邑。当来到邓邑旧址时，跟从的百姓有十多万家。尧了解到舜的贤能，于是把他从人烟稀少的地方选拔上来，希望他能把恩泽布施给百姓。舜被从荒野之中选拔上来时，年纪已经大了，听力视力也都衰退了，却还不能休息，这就是所谓的鞠躬尽瘁、勤劳一生的人啊。

所以圣人不喜欢众人的归附，民众聚集到一起就会产生不和睦，不和睦而强求和睦就必然产生不利影响。所以没有过分亲近的人，也没有过分疏远的人，保持自然德性和天和之气来顺应天下，这就叫作真人。使蚂蚁抛弃爱好膻味的想法，像鱼那样在江湖中悠然自得，使羊去掉散发膻气的意识。

用眼睛只看眼睛所能看到的事物，用耳朵只听耳所能听到的声音，用心灵只领悟心所能领悟到的知识。如果能做到这样，他的心灵就能平直如绳，他的变化就能顺应自然。古时的真人，以自然之道处理人事，不以人事干预自然之道。古时候的真人，得到自然之道就能生存，失去自然之道就难已生存；得到自然之道就死，失去自然之道就生。

药物就是乌头、桔梗、鸡头草、猪苓根等，以上几种药随时作为主药，怎么可以说尽呢？

勾践率领三千士兵受困于会稽，只有文种能够知晓越国复国的办法，也只有文种不知道复国后将要遭到杀戮的祸害。所以说猫头鹰的眼睛只有在夜晚才适宜看东西，仙鹤虽具有修长的双腿，截断就会感到悲哀。

所以说，风吹过了河面，河水就会有所减损，太阳照到河面河水也会有所减损。如果风与太阳总是盘桓在河的上空，而河水却不认为受到过干扰，就是靠河水源头小溪的不断汇聚。所以，水保持住了泥屿也就安定下来，影子停下了是因为人体安定下来，事物固守着事物因而相互安定下来。

所以，眼睛一味地追求超人的视力也就变得危险了，耳朵不断地追求超凡的听力也就危险了，心思不断地追求外物也就危险了，才能从内心深处显露出来就会危险，危险一旦形成就来不及悔改。灾祸滋生并逐渐增多与聚集，返归本性却为功名所困绕，要想获得成功便须持续很久很久。可是人们却把上述情况看作是自己最可宝贵的，不是很可悲吗？因此国家败亡、人民受戮从来没有中断，却又不知道探究造成这种情况的原因。

本来脚所踏的地很少，虽然很少，还要依靠它所没踏到的地方而后才安善广博；人虽然知道的很少，虽然少，依靠它所不知的而后才能知道所谓的天道。知道绝对的同一，知道绝对的阴阳，知道绝对的道观，知道大道的均衡作用，知道大道的包容，知道大道的取信不妄，知道大道的安定，这就最好了。大一来贯通万物，大阴来化解万物，大目来观照万物，大均来遂顺万物，大方来体悟万物，大信来核实万物，大定来持守万物。

万物都有自然规律，遂顺有照头，冥默有枢机，初始有彼端。对它们所理解的，好像是不理解的，像是知道它的，又像是不知道它，知道不知道才能知道它。要追问它，它是无边无际的，而又不可以没有边际。万象纷争中有实理，古今不能更替，然而又不能缺少，这不也可以说是有个大致的轮廓吗？为什么不追问这个道理，还有什么可疑惑的呢？以不疑惑来理解疑惑，返回到不疑惑，所以就成为更大的不疑惑。

【品读】

『徐无鬼』是开篇的人名，以人名作为篇名。全篇大体可分为十四个部分。

第一部分至『莫以真人之言謦吾君之侧乎』，写徐无鬼拜见魏武侯，用相马之术引发魏武侯的喜悦，借此讥讽诗、书、礼、乐的无用。第二部分至『君将恶乎用夫偃兵哉』，继续写徐无鬼跟魏武侯的对话，指出当世国君的作法实质上是在害民，只有『应天地之情』，才真正是『社稷之福』。第三部分至『称天师而退』，写黄帝出游于襄城之野，特向牧马小童问路，喻指为政者的迷乱。第四部分至『终身不反悲夫』，批评事事『皆囿于物』的人。第五部分至『未始离于岑而足以造于怨也』，写庄子和惠子的对话，指出天下并没有共同认可的是非标准，从而批评了各家『各是其所是』的态度。第六部分至『吾无与言之矣』，写庄子对惠子的怀念。第七部分至『则隰朋可』，写管仲和桓公的对话，借推荐隰朋阐述无为而治的主张。第八部分至『三年而国人称之』，告诫人们不应有所自恃。第九部分至『其后而日远矣』，写南伯子綦对世人迷误的哀叹。第十部分至『大人之诚』，提出『无求，无失，无弃』和『不以物易己』的观点，强调不用言语、返归无为的功效。第十一部分至『然身食肉而终』，表述子綦游于天地不跟外物相违逆的生活旨趣。第十二部分至『夫唯外乎贤者知之矣』，批判唐尧，指斥仁义是贪婪者的工具。第十三部分至『于羊弃意』，批判三种不同的心态，提倡『无所甚亲』『无所甚疏』的态度。余下为第十四部分，为杂论，主要是阐明顺任自适的思想。

则阳

则阳游于楚，夷节言之于王，王未之见，夷节归。

彭阳见王果曰：『夫子何不谭我于王？』

王果曰：『我不若公阅休。』

彭阳曰：『公阅休奚为者邪？』

曰：『冬则戳鳖于江，夏则休乎山樊。有过而问者，曰：「此予宅也。」夫夷节已不能，而况我乎！吾又不若夷节。夫夷节之为人也，无德而有知，不自许[①]，以之神其交，固颠冥乎富贵之地，非相助以德，相助消也。夫冻者假衣于春，暍者反冬乎冷风。夫楚王之为人也，形尊而严。其于罪也，无赦如虎。非夫佞人正德，其孰能挠焉！』

『故圣人其穷也，使家人忘其贫；其达也，使王公忘爵禄而化卑；其于物也，与之为娱矣；其于人也，乐物之通而保己焉。故或不言而饮人以和，与人并立而使人化。父子之宜，彼其乎归居，而一闲其所施。其于人心者，若是其远也[②]。故曰待公阅休。』

圣人达绸缪，周尽一体[③]矣，而不知其然，性也。复命摇作而以天为师，人则从而命之也。忧乎知，而所行恒无几时，其有止也，若之何！

生而美者，人与之鉴，不告则不知其美于人也。若知之，若不知之，若闻之，若不闻之，其可喜也终无已，人之好之亦无已，性也。圣人之爱人也，人与之名，不告则不知其爱人也。若知之，若不知之，若闻之，若不闻之，其爱人也终无已，人之安之亦无已，性也。

旧国旧都，望之畅然。虽使丘陵草木之缗入之者十九，犹之畅然，况见见闻闻者也，以十仞之台县众间者也。冉相氏得其环中以随成，与物无终无始，无几无时。日与物化者，一不化者也。阖尝舍之。夫师天而不得师天，与物皆殉。其以为事也，若之何！夫圣人未始有天，未始有人，未始有始，未始有物，与世偕行而不替，所行之备而不洫④，其合之也，若之何！

汤得其司御门尹登恒，为之傅之。从师而不囿⑤，得其随成。为之司其名之名嬴法得其两见。仲尼之尽虑，为之傅之。容成氏。曰：『除日无岁，无内无外。』

【注释】

①不自许：不以德自许，不自甘淡泊。

②其于人心者，若是其远也：他和一般人的心竟是如此的相距遥远。

③周尽一体：周边万物为一体。

④不洫：无忧。

⑤囿：局限，限制。

【译文】

则阳周游到楚国，夷节向楚王谈及则阳，楚王却没有答应接见他，夷节只得作罢回家。

则阳见到王果，说：『先生为什么不在楚王面前谈谈我呢？』

王果说：『我不如公阅休。』

则阳问：『公阅休是干什么的呢？』

王果说：『他冬天到江河里刺鳖，夏天到山下憩息。过客有人问他，他就说：「这就是我的家。」夷节尚且不能做到，何况是我呢？我又不如夷节。夷节的为人，虽缺少德行，却有世俗人的智巧，不看重自己的操行，凭着这一点使得他很善于交际，所以在富贵的圈子里来往奔波，沉迷不醒，不能用德行去帮助他人，倒会使别人丧失德行。受冻的人总想借助春天的温暖当衣服，中暑的人刚好相反，总想借助冬天的冷风来消暑。楚王的为人，表面高贵而有威严，对于犯错的人，凶狠地如老虎一样，不会给予一点宽恕。如果不是极有才辩又德行端正的人，谁能够使他折服呢！』

『所以圣人潜身世外却能使家人忘却生活的清苦，他们身世显赫能使王公贵族忘记爵禄而变得谦卑。对于外物，他们能够和谐相处共享欢娱；对于别人，他们乐于交往、处世通达，但又能保持自己的真性。所以有时一句话不说也能用中和之道对待他人，与他人在一块就能使别人受到感化，像父亲和儿子一般相处得那么好。他若归家隐居，便一切听之任之，清静无为。圣人与俗人的心志，相比起来差距太远啊。所以说，要使楚王

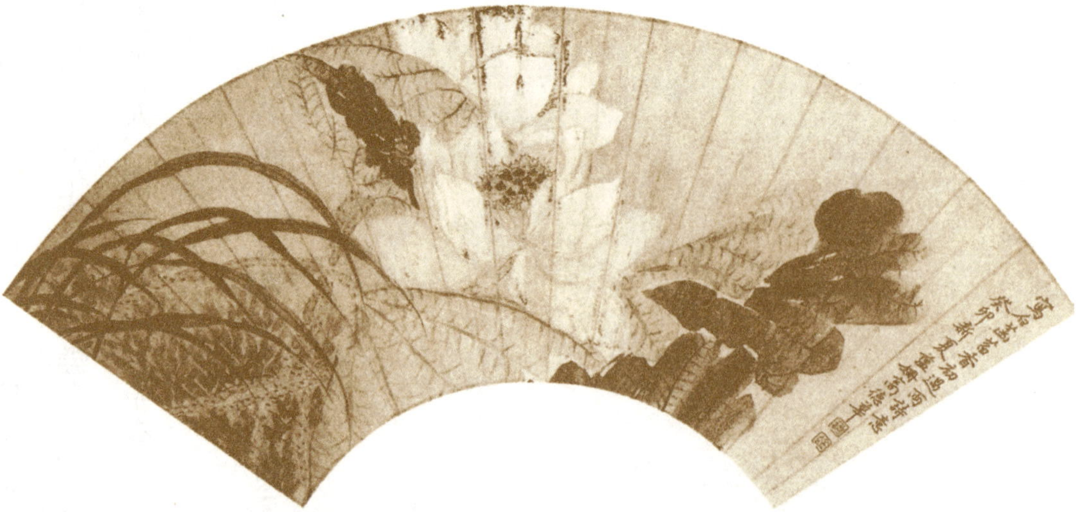

信服还得等待公阅休。』

圣人通达于人世间的各种纷扰与纠葛，同时又透彻地了解万物混同一体的状态，但是并不知道为什么会如此，这是出于自然的本性。为回返真性而又有所动作也总是把以自然为师作为榜样，人们随后才称呼他为圣人。忧心于智巧与谋虑因而行动常常不宜持久，时而有所中止又将能怎样呢！

生来就漂亮的人，是因为别人给他当了一面镜子。如果不通过比较他也不会知道自己比别人漂亮。好像知道，又好像不知道，好像听到了，又好像没有听到，他内心的喜悦就不会终止，人们对他的好感也不会有所终止，这就是出于自然的本性。圣人怜爱众人，是因为人们给予了他相应的名字，如果人们不这样称他圣人也不知道自己怜爱他。好像知道，又好像不知道，好像听见了，又好像没有听见，他给予人们的爱就不会终止，人们安于这样的怜爱也不会有所终止，这就是出于自然的本性。

祖国与家乡，一看到就分外喜悦；即使丘陵草木使她面目不清，甚至掩盖了十之八九，心里还是十分欣喜。更何况亲身见到她的真实面目、真实情况，就像是数丈高台高悬于众人的面前让人们崇敬、仰慕啊！冉相氏得到真空之理，随顺万物以成其道，与万物无始无终，无时无刻地运转变化。时时与万物一同推移变化的人，其内在的天性是凝一不变的，什么时候背离这个原则呢！若有心效法自然，便不能得到效法自然的结果，便与追逐外物者无异，像这样用有心效法自然来处理事情，最终会怎样呢？圣人不知道有自然，不曾知有人事，不曾知有万物的起源，不曾知有外物，与世道同行而不间断，所行完美周备而不沉溺于外物，他冥合大道又会怎样呢？

商汤任用他的司御门尹登恒做其师傅，而他跟从师傅学习却从不拘泥于所学；学到他的随顺成物的本性，便称举老师的大名，而自己却不在意。孔子得其两端，像仲尼尽绝思虑的态度一样，作为汤的老师。容成氏说：『如果没有每一天就没有一年了，这就像离开内就没有外一样。』

魏莹与田侯牟约，田侯牟背之。魏莹怒，将使人刺之。犀首公孙衍闻而耻之曰：『君为万乘之君也，而以匹夫从仇！衍请受甲二十万，为君攻之，虏其人民，系其牛马，使其君内热发于背，然后拔其国。忌也出走，然后抶①其背，折其脊。』

季子闻而耻之曰：『筑十仞之城，城者既十仞矣，则又坏之，此胥靡之所苦也。今兵不起七年矣，此王之基也。衍乱人，不可听也。』

华子闻而丑之曰：『善言伐齐者，乱人也；善言勿伐者，亦乱人也；谓伐之与不伐乱人也者，又乱人也。』君曰：『然则若何？』曰：『君求其道而已矣！』

惠子闻之而见戴晋人。戴晋人曰：『有所谓蜗者，君知之乎？』曰：『然。』『有国于蜗之左角者，曰触氏；有国于蜗之右角者，曰蛮氏。时相与争地而战，伏尸数万，逐北旬有五日而后反。』君曰：『噫！其虚言与？』曰：『臣请为君实之。君以意在四方上下有穷乎？』君曰：『无穷。』曰：『知游心于无穷，而反在通达之国，若存若亡乎？』君曰：『然。』曰：『通达之中有魏，于魏中有梁，于梁中有王。王与蛮氏，有辩乎？』君曰：『无辩。』客出而君惝然若有亡也。

客出，惠子见。君曰：『客，大人也，圣人不足以当之。』惠子曰：『夫吹管也，犹有嗃也；吹剑首者，吷而已矣。尧、舜，人之所誉也。道尧舜于戴晋人之前，譬犹一吷也。』

孔子之楚，舍于蚁丘之浆。其邻有夫妻②臣妾登极者，子路曰：『是稷稷何为者邪？』仲尼曰：『是圣人仆也。是自埋于民，自藏于畔。其声销，其志无穷，其口虽言，其心未尝言，方且与世违，而心不屑与之俱。是陆沈者也，是其市南宜僚邪？』

子路请往召之。孔子曰：『已矣！彼知丘之著于己也，知丘之适楚也，以丘为必使楚王之召己也，彼且以丘为佞人也。夫若然者，其于佞人也，羞闻其言，而况亲见其身乎！而何以为存？』子路往视之，其室虚矣。

【注释】

①抶：鞭笞，打击。

②夫妻：宅之主人，即市南宜僚与他的妻子。

【译文】

魏惠王与齐威王曾订立盟约，而齐威王违背了盟约。魏王大怒，准备派人刺杀齐威王。将军公孙衍知道后认为此举可耻，说：『您是大国国君，却用普通百姓的方法去报仇！我愿统领二十万部队攻打齐国，俘获齐国的百姓，牵走他们的牛马，使齐国的国君心急如焚，热毒发于心。然后我们就攻占齐国的国土。齐国的大将田忌望风逃跑，于是我就鞭打他的背，折断他的脊骨。』

季子知道后又认为公孙衍的想法可耻，说：『建筑七八丈高的城墙，筑城已经七八丈高了，然后又把它毁掉，这是使百姓受苦的事。如今战争停息已经七年了，这是王业的基础。公孙衍实在是挑起祸乱的人，千万不可听从他的主张。』

华子知道以后又不同意公孙衍和季子的做法，说：『极力主张讨伐齐国的人，是挑起祸乱的人；极力劝说不要讨伐齐国的，也是拨弄祸乱的人；评说是否讨伐齐国为拨弄祸乱之人的人，他本身就是拨弄祸乱的人。』魏王说：『既然如此，那该怎么办呢？』华子说：『你还是求助于清虚淡漠、物我兼忘的大道罢！』

惠子知道了，引见了戴晋人。戴晋人对魏王说：『有种叫蜗牛的小动物，国君知道吗？』魏王说：『知道。』戴晋人说：『有个叫触氏的国家在蜗牛的左角，有个蛮氏的国家在蜗牛的右角，正相互为争夺土地而打仗，倒下的尸体不计其数，追赶打败的一方花去整整十五天方才撤兵回来。』魏王说：『咦，那都是虚假的言论吧？』戴晋人说：『请让我为你证实这些话。你认为四方与上下有尽头吗？』魏王说：『没有尽头。』戴晋人说：『知道使自己的思想在无穷尽的境域里遨游，却又返身于人类生存的狭小的生活范围，这狭小的生活范围处在无穷的宇宙里恐怕就像若存若失一样吧？』魏王说：『是的。』戴晋人又说：『在这狭小范围内有一个魏国，魏国中有一个大梁城，在大梁城里有你魏王。大王觉得与那蛮氏相比，有区别吗？』魏王回答说：『没有。』戴晋人辞别而去，魏王心中怅然若有所失。

戴晋人离开后，惠子见魏惠王。魏王说：『戴晋人真是个了不起的人，圣人不足以与他相提并论。』惠子说：『吹起竹管，就会有嘟嘟的响声；而吹着剑首的环孔，只会有嘶嘶的声音了。尧与舜，都是人们所赞誉的圣人，在戴晋人面前称赞尧与舜，就像那微弱的嘶嘶之声罢了。』

孔子要到楚国，途中住在蚁丘的一个卖浆铺里。他的邻居有夫妻仆妾登上屋顶观望。子路说：『这些人有秩序地集聚在一起想干什么呢？』孔子说：『这些人是圣人的仆役。这位圣人是甘愿隐于民间、隐于田园的人。他的声名虽然已消失，他的志向却无穷远大，他的嘴虽然说话，他的内心却不曾说话。他的行为和世俗相反，内心深处不愿意与我们这些世俗人相处。这是隐于陆地上的人，他们岂不是像市南宜僚那样的人吗？』

子路请求去把他找来见个面。孔子说：『算了吧！他知道我会赞扬他，知道我到楚国，以为我一定会请楚王召见他。他正在把我当成媚于世俗的人。如果这样，他是不愿意听媚世的人的话的，何况亲自见面呢？你凭什么去和他交流呢？』子路去看他的时候，他的住处已经是空无一人了。

长梧封人问子牢曰：『君为政焉勿卤莽，治民焉勿灭裂。昔予为禾，耕而卤莽之，则其实亦卤莽而报予；芸而灭裂之，其实亦灭裂而报予。予来年变齐，深其耕而熟耰之，其禾蘩以滋，予终年厌飧。』

庄子闻之曰：『今人之治其形，理其心，多有似封人之所谓，遁其天，离其性，灭其情，亡其神，以众为。故卤莽其性者，欲恶之孽为性，萑苇蒹葭始萌，以扶吾形，寻擢吾性。并溃漏发①，不择所出，漂疽疥痈，内热溲膏是也。』

柏矩学于老聃，曰：『请之天下游。』老聃曰：『已矣！天下犹是②也。』又请之，老聃曰：『汝将何始？』曰：『始于齐。』

至齐，见辜人焉，推而强之，解朝服而幕之，号天而哭之曰：『子乎！子乎！天下有大灾，子独先离之，「莫为盗，莫为杀人。」荣辱立，然后睹所病；货财聚，然后睹所争。今立人之所病，聚人之所争，穷困人之身，使无休时。欲无至此，得乎？』

『古之君人者，以得为在民，以失为在己；以正为在民，以枉为在己。故一形有失其形者，退而自责。

今则不然，匿为物而愚不识，大为难而罪不敢，重为任而罚不胜，远其涂而诛不至。民知力竭，则以伪继之。日出多伪，士民安取不伪。夫力不足则伪，知不足则欺，财不足则盗。盗窃之行，于谁责而可乎？』

蘧伯玉行年六十而六十化，未尝不始于是之，而卒诎之以非也。未知今之所谓是之非五十九非也，万物有乎生而莫见其根，有乎出而莫见其门。人皆尊其知之所知，而莫知恃其知之所不知而后知，可不谓大疑乎！已乎！已乎！且无所逃。此则所谓然与然③乎！

【注释】

①并溃漏发：上溃下漏，指流脓不止的疮口。

②犹是：如此。

③然与然：这样与那样。

【译文】

长梧守护封疆的人对子牢说：『你处理事情不要太粗疏，管理百姓不要太草率。从前我种庄稼，耕地粗疏马虎，而收获时庄稼也就用粗疏马虎的态度来报复我；锄草也轻率马虎，而收获时庄稼也用轻率马虎的态度来回报我。我在第二年改变了原有的做法，深深地耕地细细地平整，禾苗繁茂果实累累，我一年到头不愁吃穿。』

庄子听了后，说：『如今人们治理自己的身形，调理自己的心思，很多都像这守护封疆的人所说的这样，逃避自然，违背天性，泯灭真情，丧失精神，这都由于粗疏鲁莽所致。所以对待本性和真情粗疏鲁莽的人，欲念与邪恶的祸根，就像萑苇、蒹葭蔽遮禾黍那样危害一个人的本性，开始时似乎还可以用来扶助人的身体，逐渐地就湮灭了自己的本性，就像遍体毒疮一齐溃发，不知从什么地方泄出，毒疮流脓，内热遗精就是这样。』

柏矩在老聃门下求学，他说：『请老师准许我到天下各地去游历。』老聃说：『算了，其他各地都像这里一样。』柏矩再次提出这个请求，老聃说：『你打算先到哪里？』柏矩说：『先去齐国。』

柏矩到了齐国，看见一个被处以死刑而抛尸示众的尸体，柏矩就把尸体摆正，脱下朝服将其覆盖，然后仰天号陶大哭：『你呀你呀！天下出现如此大的灾祸，你偏偏先碰上。人们常说不要做强盗，不要去杀人！世间一旦有了荣辱，各种弊端就会显露出来；一旦财货日渐聚积，人们就会出现各种争斗。现在确立人们所厌恶的各种弊端，聚积人们所争夺的财物，让人们疲于奔命，无休止，想要不出现受害至死的遭遇，怎

么可能呢？』

『古代管治百姓的人，把社会安定的功绩归于百姓，把治理不善的错误归于自己；把正确的做法归功于百姓，把过错全都归罪于自己。所以，只要有人受到损害，私下总是难辞其咎。现在却不是这样。隐匿事物的真相，然后指责人们不能了解；增加办事的困难，却归罪于人们不敢克服困难；加重人们的负担，却处罚人们不能胜任；把路途的距离延长，却谴责人们不能抵达。人民耗尽了才智与力量，就用虚假来应付，每天发生这么多虚假的事情，百姓如何不虚伪呢？力量不足便作假，才智不足就欺诈，财力不足便偷盗。盗窃的行为，该责备谁才合理呢？』

蘧伯玉活在世上的这六十年当中，有六十次修善德行的变化，开始肯定的，后来又否定了它。很难说今天他所认为是对的，就不是原来五十九年来自己一直认为是错误的。万物生机勃勃地存在，我们却看不见它这样存在的根源；万事万物都有它的出处，我们却不能看见它的门径。人们都重视其智慧所能知道的事情，而不能凭借自己的智慧所不知道而后知道的道理，这不是所谓大的疑惑吗？算了吧！算了吧！况且没有能逃避得了的，这就是你说这样他说那样吗？

仲尼问于大史大弢、伯常骞、狶韦曰：『夫卫灵公饮酒湛乐，不听国家之政；田猎毕弋，不应诸侯之际。其所以为灵公者何邪？』

大弢曰：『是因是也。』

伯常骞曰：『夫灵公有妻三人，同滥而浴。史鳅奉御而进所，搏币而扶翼。其慢[1]若彼之甚也，见贤人若此其肃也，是其所以为灵公也。』

狶韦曰：『夫灵公也死，卜葬于故墓不吉，卜葬于沙丘而吉。掘之数仞，得石椁焉，洗而视之，有铭焉，曰：「不冯其子，灵公夺而里之。」夫灵公之为灵也久矣，之二人何足以识之！』

少知问于大公调曰：『何谓丘里之言？』

大公调曰：『丘里者，合十姓百名而以为风俗者也，合异以为同，散同以为异。今指马之百体而不得马，而马系于前者，立其百体而谓之马也。是故丘山积卑而为高，江河合小而为大，大人合并而为公。是以自外入者，有主而不执；由中出者，有正而不距。四时殊气，天不赐，故岁成；五官殊职，君不私，故治国；

文武殊材，大人不赐，故德备；万物殊理，道不私，故无名。无名故无为，无为而无不为。时有终始，世有变化，祸福淳淳②，至有所拂者而有所宜，自殉殊面；有所正者有所差，比于大泽，百材皆度；观于大山，木石同坛。此之谓丘里之言。』

少知曰：『然则谓之道足乎？』

大公调曰：『不然，今计物之数，不止于万，而期曰万物者，以数之多者号为读之也。是故天地者，形之大者也；阴阳者，气之大者也；道者为之公。因其大以号而读之则可也，已有之矣，乃将得比哉！则若以斯辩，譬犹狗马，其不及远矣。』

少知曰：『四方之内，六合之里，万物之所生恶起？』

大公调曰：『阴阳相照相盖相治，四时相代相生相杀。欲恶去就，于是桥起。雌雄片合于是庸有。安危相易，祸福相生，缓急相摩，聚散相成。此名实之可纪，精之可志也。随序之相理，桥运之相使，穷则反，终则始，此物之所有。言之所尽，知之所至，极物而已。睹道之人，不随其所废，不原其所起，此议之所止。』

少知曰：『季真之莫为，接子之或使。二家之议，孰正于其情，孰偏于其理？』

大公调曰：『鸡鸣狗吠，是人之所知。虽有大知，不能以言其所自化，又不能以意其所将为。斯而析之，精至于无伦，大至于不可围。或之使，莫之为，未免于物而终以为过。或使则实，莫为则虚。有名有实，是物之居；无名无实，在物之虚。可言可意，言而愈疏。未生不可忌，已死不可徂。死生非远也，理不可睹。或之使，莫之为，疑之所假。吾观之本，其往无穷；吾求之末，其来无止。无穷无止，言之无也，与物同理。或使莫为，言之本也，与物终止。道不可有，有不可无。道之为名，所假而行。或使莫为，在物一曲，夫胡为于大方！言而足③，则终日言而尽道；言而不足，则终日言而尽物。道，物之极，言默不足以载。非言非默，议有所极。』

【注释】

①慢：淫乱。

②淳淳：茫昧难测的样子。

③言而足：言谈之多。

【译文】

孔子问太史大弢、伯常骞和狶韦：『卫灵公饮酒无度，沉溺于淫乐之中，也不处理国家大事，经常以捕捉兽鸟取乐，不去接受诸侯们的会盟之邀和别国交往，他却得到个灵公的谥号，这是为什么呢？』

大弢说：『正是由于他这样做了，才得到了这样一个谥号。』

伯常骞说：『灵公有三个妻子，曾经他和三个妻子在一个大浴盆中洗澡。史鱼驾着载着妻子的车直接来到卫灵公的起居室，一边接受灵公给的奖赏一边扶持着灵公的臂膀侍候着。灵公非常傲慢，然而他接见贤人却又肃然起敬而使得贤人们和他像与妻子们那样亲密无间，这就是他之所以称为灵公的原因。』

狶韦说：『灵公死后，安葬在原来的墓穴不吉利，便卜葬在沙丘。掘墓穴深到数仞时，挖出一个石造的棺椁，去掉泥土一看，上面有铭文说：「不必依赖他的子孙们，灵公可以把这个石造的棺椁拿去使用而居住其中。」灵公之所以被谥称为灵公，已经是很久远的事了，他大弢、伯常骞怎么能知道呢！』

少知求教于大公调，问：『什么是「丘里」之言？』

大公调说：『所谓「丘里」，就是聚集十家姓，上百个人，所形成的风气与习俗。把每个不同的个体放在一起就成为相同的，把混同的整体分开来又成为各个不同的个体。现在拿马的各个部位来说，都不能称为马，但是马是根据前者求同存异，只有确立了马的各个部位并组合成整体才能称为马。因此，山丘只有积聚卑小的土石才能成其高；江河只有汇聚无数细小的流水才能成其大；伟大的人物只有博采众多的意见才说其公。所以，从外界反映到内心的事物，虽然自己有主见却不执着，由内心向外表达的东西，即使是正确的也不愿与他人相违背。四季的气候不同，大自然并未给予某一节令特别的恩赐，因此成就了岁月；大大小小的官吏具有不同的职能，国君没有偏私任何一位，国家因此得以治理；文臣武将才干不同，国君没加偏爱，因此各自德行完备；万物都有自己的规律，大道没有偏爱任何一方，因此化解名称。没有名称就没有作为，没有作为就无所不为。时序有始有终，世事有变化。祸福在不停地运转，有违逆的一面同时也有相宜的一面；各自追求其不同的方面，有所得同时也有所失，就像山泽中各种木材都有自己的用处。再看看大山，树木与石块同在一处。这就称为「丘里」的言论。』

少知说：『既然这样，可以称之为道吗？』

大公调说：『不能。现在计算一下物的种类，不少于一万种，而限称作万物，是用这个大的数目来称述它。因而，叫作天地，是形体中最大的；称作阴阳，是元气中最大的；而道却包括天地、阴阳。因为它大就用「道」来称述，是可以的，已经被称为「丘里」之言，又怎么能与道相提并论呢？如果要寻托这两者的区别，就好像狗与马，差别也就太大了！』

少知问：『四方之内，六合之里，万物从哪里开始产生的？』

大公调说：『阴阳相互照应，相互伤害也相互调治，四季相互更替，相互产生也相互衰减。欲念、憎恶、离弃就像桥梁一样互相联系互相兴起。雌性、雄性的分开、交合，于是才有万物。安全与危难互相变换，灾祸与幸福相互产生，寿延与夭折相互冲突，聚散因此而形成。这些现象的名称与实际都能辨认，极精极微之处也都能记载下来。有次序地相互更替总遵循着一定的轨迹，双方的运动彼此相互制约，到了尽头便会返回，有终结便有开始，这些都是万物共同拥有的规律。言语能够致意的，智巧能够达到的，只是限于少数事物。感悟大道的人，不追逐事物的去向，不探究万物的起源，一切议论到此为止。』

少知又说：『季真的观点是「莫为」，而接子主张「或使」，两家的观点，谁最符合事物的真相，谁偏离了客观的规律呢？』

大公调说：『鸡鸣狗叫，这是人所常见的现象；可是，即便是具有非同一般的才智，也不能用言语来表达它们这种行为的原因，同样也不能推测它们究竟会怎么样。用这样的道理来推论和分析世间万物，有精妙到无以伦比的，也有浩大到不可限量的，然后主张事物的产生是有所为或无所为，都不能免于为物所拘滞，同而最终都只能是过而不当。接子的主张过于执滞，季真的观点过于虚空。有名有实，代表了物的具体形象；无名无实，则看出事物存在的虚无。这可以言谈也可以意会，但是言谈越多，距离事物的真相也就越疏远。没有产生的事物，也不能禁止其产生；已经死亡的事物，也不能阻挡其死亡。死与生的距离并不遥远，它们之间的规律却是很难察觉。事物的产生有所支使还是全都出于虚无，两者都由于疑惑而生出的偏执之见。我观察事物的起始，它的过去没有穷尽；我寻找事物的结束，它的将来不可预测。既没有穷尽又没有限量，用言语表达是不能做到的，这就跟事物的条理是相同的；而接子、季真的主张，用言谈各持一端，又跟事物一样有了始终。「道」不可以用「有」来表示，也不可以用「无」来描述。「道」的名称不过是借用来的。接子和季真的主张，各自偏执于事物的一个方面，怎么能用来理解大道呢？言语如果圆满周全，那么整天谈论的都不是道；言语如果不能周全圆满，那么整天谈的都滞碍于物。道是阐释万物的最高原理，用言语和缄默都是不能够称述；既不是言语也不是缄默，评议就有极限了，而大道却是没有极限的。』

【品读】

本篇内容仍很庞杂，全篇大体可以分成两大部分，前一部分写了十个小故事，用人物的对话来说明恬淡、清虚、顺任的旨趣和生活态度，同时也对滞留人事、迷恋权势的人给予抨击。后一部分则讨论宇宙万物的基本规律，讨论宇宙的起源，讨论对外在事物的主体认识。

前一部分大体分作九小段，至『故曰待公阅休』为第一段，写公阅休清虚恬适的生活旨趣和处世态度。至『以十仞之台县众闲者也』为第二段，写圣人的心态和人们对于道的尊崇与爱慕。至『无内无外』为第三段，写一个人要善于自处，善于应物。至『譬犹一吷也』为第四段，通过巧妙的比喻指出人在世间的渺小，倡导与世无争的态度，同时讽刺和嘲弄了诸侯国之间的争夺战争。至『其室虚矣』为第五段，通过孔子之口盛赞市南宜僚『声销』而『志无穷』的潜身态度。至『内热溲膏是也』为第六段，指出为政『鲁莽』、治民『灭裂』的严重危害。至『于谁责而可乎』为第七段，通过柏矩游齐之所见，批评当世君主为政的虚伪和对人民的愚弄。至『然乎』为第八段，说明人们的是非观念不是永恒的，认识也是有限的。至『之二人何足以识之』为第九段，谴责卫灵公的荒唐无道。

后一部分写少知与大公调的对话，借大公调之口从讨论宇宙整体与万物之个体间『合异』『散同』的关系入手，指出各种事物都有其自身的规律，各种变化也都会向自己的反面转化，同时还讨论了宇宙万物的产生，又最终归结为浑一的道。

前一部分可以说是杂论，内容并不深厚，后一部分涉及宇宙观和认识论上的许多问题，较有价值。

外物

外物不可必①，故龙逢诛，比干戮，箕子狂，恶来死，桀纣亡。人主莫不欲其臣之忠，而忠未必信，故伍员流于江，苌弘死于蜀，藏其血，三年而化为碧。人亲莫不欲其子之孝，而孝未必爱，故孝己忧而曾参悲。

木与木相摩而然，金与火相守则流。阴阳错行，则天地大骇，于是乎有雷有霆，水中有火，乃焚大槐。有甚忧两陷而无所逃，螴蜳不得成，心若县于天地之间，慰暋沈屯，利害相摩，生火甚多，众人焚和，月固不胜火，于是乎有僓然而道尽。

庄周家贫。故往贷粟于监河侯。

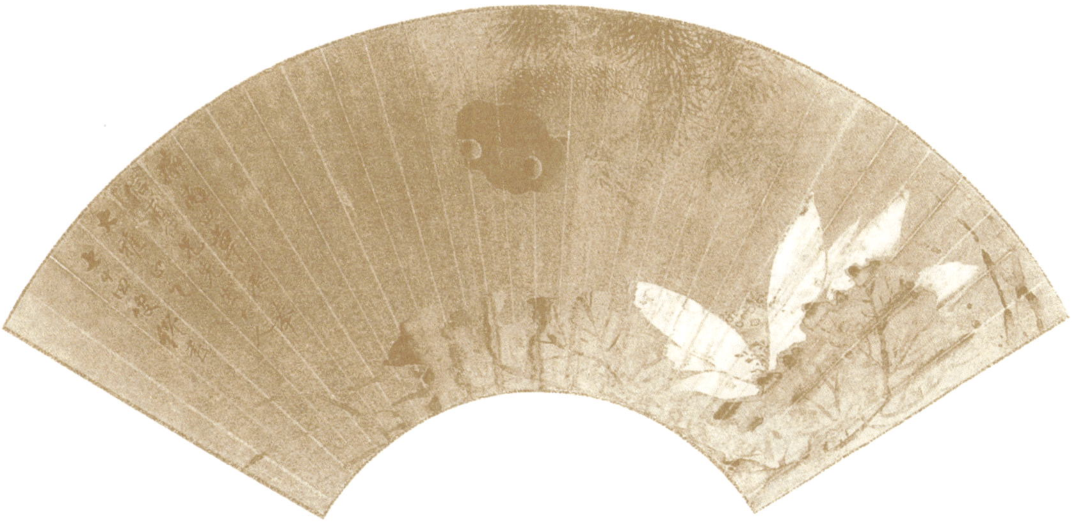

监河侯曰：『诺。我将得邑金②，将贷子三百金，可乎？』

庄周忿然作色曰：『周昨来，有中道而呼者。周顾视车辙中，有鲋鱼焉。周问之曰：「鲋鱼来，子何为者邪？」对曰：「我，东海之波臣也。君岂有斗升之水而活我哉？」周曰：「诺，我且南游吴越之土，激西江之水而迎子，可乎？」鲋鱼忿然作色曰：「吾失我常与，我无所处。吾得斗升之水然活耳，君乃言此，曾不如早索我于枯鱼之肆！」』

任公子为大钩巨缁，五十犗③以为饵，蹲乎会稽，投竿东海，旦旦而钓，期年不得鱼。已而大鱼食之，牵巨钩，陷没而下骛，扬而奋鬐，白波若山，海水震荡，声侔鬼神，惮赫千里。任公子得若鱼，离而腊之，自制河以东，苍梧以北，莫不厌若鱼者。已而后世辁才讽说之徒，皆惊而相告也。夫揭竿累，趣灌渎，守鲵鲋，其于得大鱼难矣。饰小说以干县令，其于大达亦远矣。是以未尝闻任氏之风俗，其不可与经于世亦远矣。

【注释】

①不可必：不能有必然的标准。

②邑金：封邑租赋的收入。

③犗：阉了的牛。

【译文】

外在的事物没有必然的标准，因而才有关龙逢被斩，比干被杀，箕子佯狂，恶来身死，桀纣灭亡。君主没有不希望其臣子尽忠的，但尽忠的人未必都能受到君主的信任，所以伍子胥尸沉江上，苌弘屈死于东吴，他的血保藏三年后，感动天地而化为碧玉。父母没有不希望子女尽孝道的，而礼仪教化下的孝顺未必就是真爱，所以孝己忧苦而曾参悲伤。

木与木相摩擦就会燃烧，金与火相炼就会熔化，阴阳二气交错而行，天地则会惊动起来，于是雷霆发作，雨中带电，便烧掉了大树。有人过分忧虑并陷入阴阳二气的相互矛盾之中而无所逃避。他们像爬虫那样蠢蠢不安而一事无成，心像悬在天地之间，整天都忧郁沉闷，在利害之间计较来计较去相互摩擦，内心就像阴阳二气一样焦灼甚多，众人伤了和气，心静不能战胜内心的焦躁，于是精神败坏而不能享尽天年，一个个中年夭亡了。

庄周家境贫寒，于是便向监河侯借粮。

监河侯说：『行，我快要收取封邑之地的税金了，然后借给你三百金，好吗？』

庄周听了脸色骤变，忿忿地说：『我昨天来的时候，听到有谁在半道上呼唤我。我回头一看，看到路上车轮辗过的小坑洼处，有条鲫鱼在挣扎。我问它：「鲫鱼，你干什么呢？」鲫鱼回答：「我是东海水族中的一员。你可以用斗升之水使我活下来吗？」我对它说：「行啊，我将到南方去游说吴王和越王，引发西江之水来迎候你，可以吗？」鲫鱼变了脸色，生气地说：「我失去了经常生活的环境，没有安身之处。眼下我能得到斗升那么多的水就活下来了，而你竟说出这话，还不如早点到干鱼店里找我！」』

任国的公子制做了个巨大的钓钩和粗长的黑钓绳，用五十头牛作为钓饵，守在会稽山上，把鱼竿投向东海，一天又一天地钓着，一年都没有钓到一条鱼。后来有一条大鱼吃了鱼饵，它牵动了巨大的钓钩沉入海底，伸张鱼鳍，上下乱驰，掀起像山那样高的白色波浪，海水猛烈震荡，发出鬼神般的巨声，使得千里之内听到的人都感到恐惧。任国公子钓到这条鱼后，把它剖开晾干，全国人都饱食了这条鱼。后世那些才识浅陋又多嘴的人，都觉得惊奇而奔走相告。如果举着小竿细绳，奔向灌溉用的小沟渠，守候着小鱼，这样就很难钓到大鱼。粉饰浅陋的言辞来求取崇高的声誉，这对于通达大道而言，相差太远了。因此未曾了解任氏不期求近效的风度的人，也不能与其谈治世之道，因为相差太远了。

儒以《诗》《礼》发冢，大儒胪传[1]曰：『东方作矣，事之何若？』

小儒曰：『未解裙襦，口中有珠。《诗》固有之：「青青之麦，生于陵陂。生不布施，死何含珠为！」』

『接其鬓，压其顪，而以金椎控其颐，徐别其颊，无伤口中珠。』

老莱子之弟子出薪，遇仲尼，反以告，曰：『有人于彼，修上而趋下[2]，末偻而后耳，视若营四海，不知其谁氏之子。』老莱子曰：『是丘也，召而来。』仲尼至。曰：『丘！去汝躬矜与汝容知，斯为君子矣。』

仲尼揖而退，蹙然改容而问曰：『业可得进乎？』老莱子曰：『夫不忍一世之伤而骜万世之患，抑固窭邪，亡其略弗及邪？惠以欢为骜，终身之丑，中民之行进焉耳，相引以名，相结以隐。与其誉尧而非桀，不如两忘而闭其所誉。反无非伤也，动无非邪也。圣人踌躇以兴事，以每成功，奈何哉其载焉终矜尔！』

宋元君夜半而梦人被发窥阿门，曰：『予自宰路之渊，予为清江使河伯之所，渔者余且得予。』

元君觉，使人占之。曰：『此神龟也。』

君曰：『渔者有余且乎？』

左右曰：『有。』

君曰：『令余且会朝。』

明曰，余且朝。君曰：『渔何得？』

对曰：『且之网得白龟焉，其圆五尺。』

君曰：『献若龟。』

龟至，君再欲杀之，再欲活之，心疑，卜之，曰：『杀龟以卜吉。』乃刳龟③。七十二钻而无遗筴。

仲尼曰：『神龟能见梦于元君，而不能避余且之网；知能七十二钻而无遗筴，不能避刳肠之患。如是，则知有所困，神有所不及也。虽有至知，万人谋之。鱼不畏网而畏鹈鹕。去小知而大知明，去善而自善矣。婴儿生无硕师而能言，与能言者处也。』

【注释】

①胪传：按礼的规定有秩序的向下传话。

②修上而趋下：上身长下肢短。

③刳龟：把龟剖空以便用它的甲壳。

【译文】

儒士用《诗》《礼》的招牌去盗墓。大儒士在墓地上传话说：『天快亮了，事情办得怎样了？』

小儒士说：『衣裙还没脱下来，尸体口中含有的珍珠还没取出来。《诗经》中有一首诗说过：「绿油油的麦苗，生在山坡上。活着的时候不接济别人，死后何必含珍珠！」』

『抓住他的鬓发，按住他的下巴，用铁锤敲他的面颊，慢慢地分开他的两腮，不要损伤嘴里的珍珠！』

老莱子的弟子出外打柴，遇见了孔丘，归来后告诉给老莱子：『有个人上身长下身短，伸颈曲背而且两耳后贴，眼光敏锐周遍四方，不知道他是什么人。』老莱子说：『他一定是孔丘。快去叫他来见我。』孔丘来了，老莱子说：『孔丘，去掉你矜持和睿智之态，那就可以成为君子了。』

孔丘听后谦恭地作揖而退，面容顿改，心悸不安地问道：『我所追求的仁义之学可以取得长足进步并为世人所用吗？』老莱子说：『不忍一世的损伤会留下使后世奔波不息的祸患，你本来就是孤陋闭塞，还是才智赶不上呢？布施恩惠来博取欢心并因而自命不凡，这是终身的丑恶，是庸人的行为，这类人总是用名声来相互招引，用私利来相互勾结。与其称赞唐尧非议夏桀，还不如两种情况都遗忘而且堵住一切称誉。背逆事理与物性定会受到损伤，心性被搅乱则会邪念顿起。圣哲的人顺应事理稳妥行事，因而总是取得成功。你执意推行仁义而且以此自矜又将会怎样呢？』

宋元君夜里梦见有个披散着头发在侧门旁窥视的人，说：『我是来自名叫宰路的深渊，作为清江的使者我出使河伯的居所，不幸被渔夫余且捕捉到了。』

宋元君醒来，派人占卜，占卜的人：『这是一只神龟。』

宋元君问：『渔夫有名叫余且的吗？』

左右侍臣回答：『有。』

宋元君说：『叫余且来朝见我。』

第二天，余且来朝见。宋元君问：『你近日捕捞到了什么？』余且回答：『我捕捉到一只周长五尺的白龟。』

光绪丁亥夏四月

宋元君说：『献出你捕获的白龟。』

白龟送到，宋元君一时想杀掉，一时又想养起来，心里正犯疑惑，卜问吉凶，说：『杀掉白龟用来占卜，一定大吉。』于是把白龟剖开挖空，用龟板占卜数十次推断起来也没有出现一点失误。

得知此事，孔子说：『神龟能显梦给宋元君，却不能避开余且的鱼网；才智能占卜数十次也没有一点失误，却不能逃脱剖腹挖肠的祸患。这样说来，才智也有困窘的时候，神灵也有考虑不周的地方。即使存在最高超的智慧，也匹敌不了万人的谋算。鱼儿即使不怕鱼网却也害怕鹈鹕。摒弃小聪明方才显出大智慧，除去矫饰的善行才能使自己真正回到本初的善性。婴儿生下来没有高明的老师教也能学会说话，只因为跟会说话的人自然相处。』

惠子谓庄子曰：『子言无用。』庄子曰：『知无用而后可与言用矣。天地非不广且大也，人之所用容足耳。然则厕足而垫之致黄泉①，人尚有用乎？』惠子曰：『无用。』庄子曰：『然则无用之为用亦明矣。』

庄子曰：『人有能游，且得不游乎！人而不能游，且得游乎！夫流遁之志，决绝之行，噫，其非至知厚德之任与！覆坠而不反，火驰而不顾。虽相与为君臣，时也。易世而无以相贱。故曰：至人不留行焉。夫尊古而卑今，学者之流也。且以狶韦氏之流观今之世，夫孰能不波！唯至人乃能游于世而不僻，顺人而不失己。彼教不学，承意不彼。

『目彻为明，耳彻为聪，鼻彻为颤②，口彻为甘，心彻为知，知彻为德。凡道不欲壅，壅则哽，哽而不止则跈，跈则众害生。物之有知者恃息。其不殷，非天之罪。天之穿之，日夜无降，人则顾塞其窦。胞有重阂，心有天游③。室无空虚，则妇姑勃谿；心无天游，则六凿相攘。大林丘山之善于人也，亦神者不胜。

『德溢于名，名溢于暴，谋稽乎誸，知出乎争，柴生乎守，官事果乎众宜。春雨日时，草木怒生，铫鎒于是乎始修，草木之倒植者过半而不知其然。

『静默可以补病，眦𡟰可以休老，宁可以止遽。虽然，若是劳者之务也，非佚者之所未尝过而问焉；圣人之所以駴天下，神人未尝过而问焉；贤人所以駴世，圣人未尝过而问焉；君子所以駴国，贤人未尝过而问焉；小人所以合时，君子未尝过而问焉。

『演门有亲死者，以善毁爵为官师，其党人毁而死者半。尧与许由天下，许由逃之；汤与务光，务光怒之；纪他闻之，帅弟子而踆④于窾水，诸侯吊之，三年，申徒狄因以踣河。

『荃⑤者所以在鱼，得鱼而忘荃；蹄者所以在兔，得兔而忘蹄；言者所以在意，得意而忘言。吾安得夫忘言之人而与之言哉！』

【注释】

①黄泉：本为地下水或阴间。这里指将容足之外的『土地』挖得很深。

②颤：通『膻』，辨味能力强，嗅觉好。

③天遊：游天，游于自然。

④踆：通『蹲』。

⑤荃：通『筌』，捕鱼工具。

【译文】

惠子对庄子说：『你的言论总是很大，但没有任何用处。』庄子说：『懂得什么东西没用，才能跟他谈论什么东西有用。大地并非不广大，人实际上所用的只是脚下的一小块。然而，只留下脚下的一小块，其余的土地全都挖掉，一直挖到黄泉，你脚下的那点土地还能用吗？』惠子说：『当然不能使用。』庄子说：『如此说来，没有用处的用处也就显而易见了。』

庄子说：『人如果能随心而游，那么难道还不能自适自乐吗？人假如不能随心而游，那么难道还能自适自乐吗？流连忘返于外界事物的心思，矢志不渝弃世孤高的行为，唉，恐怕不是智者的所作所为吧！沉溺于世事却不知悔悟，心急如焚地追逐外物而不愿舍弃，即使相互间有的为君有的为臣，也只是视为一时的机遇，时世变化后就没有人会认为自己地位低下了。所以说道德修养极高的人从不愿意在人生的旅途上有所滞留。崇古薄今，这是未能通达事理之人的观点。用狶韦氏等人的角度来观察当今的世事，谁又能不引起心中的波动？道德修养极高的人方才能够混迹于世而不出现邪僻，顺随于众人却不会失去自己的真性。尊古卑今的见教不应去学，禀受其意也不必相互对立争辩不已。』

『眼光敏锐叫作明，耳朵灵敏叫作聪，鼻子灵敏叫作膻，口感灵敏叫作甘，心灵透彻叫作智，聪明贯达叫作德。大多情况下道德总不希望有所壅塞，壅塞则会出现梗阻，梗阻而不能排除则会出现相互践踏，相互践踏那么各种各样祸害就会随之而起。物类有知觉靠的是气息，假如气息不强盛，那么绝不是自然天赋的过失。自然的真性贯穿万物，日夜不停，可是人们却反而堵塞自身的孔窍。腹腔有许多空旷的地方因而能容受五脏怀藏胎儿，内心虚空便会没有拘谨地顺应自然而游乐。家里没有虚空感，婆媳之间就会争吵不休；内心不能虚空而且要游心于自然，那么六种器官能就会出现纷扰。森林与山丘之所以适宜于人，也是由于人们的内心促狭、心神不爽。』

『道德因声名而荡失，声名因表露而荡失；面临危难而研求计谋，由于争斗而运用心智；栅栏的设置出于官司防守的需要，办事是否成功在于合乎众人的需要。春雨若及时降落，草木便勃然生长，于是人们就开始整修农具，过半的草木遭受戕害，而人们却不知为什么要这样。』

『静默可以调补疾病，按摩眼眶可以延缓衰老，宁静可以止息内心的急躁。虽然如此，这些都不过是劳碌人所干的事，心境旷逸的人却未曾过问。圣人做惊世骇俗的事，神人却未曾去过问；贤人做惊动世人的事情，圣人却未曾去过问；君子做惊动国家的事，贤人却也未曾去过问；小人做出苟合一时的事，君子却也不曾去过问。』

『东门口有个人死了亲人，由于格外哀伤日渐消瘦而加官晋爵封为官师，他的同乡仿效他也消瘦毁容却大半死去。尧要禅让天下给许由，许由则逃到箕山；商汤想把天下禅让给务光，务光则大发脾气；纪他知道了此事，带领弟子隐居在黄河一带，诸侯纷纷前往慰问。过了三年，申徒狄仰慕其名而投河自溺。』

『鱼篓是用来捕鱼的，捕到鱼后便忘掉了鱼篓的功能；兔网是用来捉兔子的，捕到兔子后就忘了兔网；言语是用来传递思想的，领会了意思就忘掉了言语。我怎么能找忘掉言语的人而跟他谈一谈呢？』

【品读】

全文内容依旧很杂，但多数文字在于讨论养生处世，倡导顺应，反对矫饰，反对有所操持，从而做到虚己而忘言。

全文大体分为九个部分。

第一部分至『于是乎有僓然而道尽』，说明外在事物不可能有个定准，指出世俗人追逐于利害得失之间，到头来只会精神崩溃玄理丧尽。

第二部分至『曾不如早索我枯鱼之肆』，写庄周家贫前往借贷的故事，借以说明顺应自然、依其本性的必要。

第三部分至『其不可与经于世亦远矣』，借任公子钓大鱼的故事，讽刺眼光短浅好发议论的浅薄之士，比喻治理世事的人必须立志有所大成。

第四部分至『无伤口中珠』，讽刺儒家表面倡导诗、礼，暗里却干着见不得人的勾当。

第五部分至『奈何哉其载焉终矜尔』，写老莱子对孔丘的训示，指出『与其誉尧而非桀，不如两忘而闭其誉』，倡导顺应便能每事成功的主张。

第六部分至『与能言者处也』，借神龟被杀的故事，说明『知有所困，神有所不及』的道理，因而只得一切顺其自然。

第七部分至『然则无用之为用也亦明矣』，通过庄子和惠子的对话，指出『无用之为用』的道理。

第八部分至『亦神者不胜』，讨论修生养性，批评了驰世逐物的处世态度，提倡『游于世而不僻』『顺人而不失己』的生活旨趣，而真正要做到这一点中心又在于内心要『空虚』，因为『空虚』就能容物，『空虚』就能顺应。

第九部分，进一步阐明顺应自然的观点，反对矫饰，反对有所操持，希望能做到遗物而忘我，最终进入『得意而忘言』的境界。

寓言

寓言十九，重言十七①，卮言日出，和以天倪。

寓言十九，藉外论之。亲父不为其子媒。亲父誉之，不若非其父者也。非吾罪也，人之罪也。与己同则应，不与己同则反；同于己为是之，异于己为非之。重言十七，所以已言也，是为耆艾。年先矣，而无经纬本末以期年耆者，是非先也。人而无以先人，无人道也；人而无人道，是之谓陈人。卮言日出，和以天倪，固以曼衍，所以穷年。

不言则齐，齐与言不齐，言与齐不齐也，故曰：『言无言。』言无言，终身言，未尝言；终身不言，未尝不言。有自也而可，有自也而不可；有自也而然，有自也而不然。恶乎然？然于然；恶乎不然？不然于不然。恶乎可？可于可；恶乎不可？不可于不可。物固有所然，物固有所可，无物不然，无物不可。非卮言日出，和以天倪，孰得其久？万物皆种也，以不同形相禅，始卒若环，莫得其伦②，是谓天均。天均者，天倪也。

庄子谓惠子曰：『孔子行年六十而六十化，始时所是，卒而非之。未知今之所谓是之非五十九非也？』惠子曰：『孔子勤志服知也。』庄子曰：『孔子谢之矣，而其未之尝言。孔子云：「夫受才乎大本，复灵以生。鸣而当律，言而当法。利义陈乎前，而好恶是非直服人之口而已矣。使人乃以心服而不敢蘁立③，定天下之定。」已乎，已乎！吾且不得及彼乎！』

曾子再仕而心再化，曰：『吾及亲④仕，三釜而心乐；后仕，三千钟而不少洎，吾心悲。』弟子问于仲尼曰：『若参者，可谓无所县其罪乎？』曰：『既已县矣。夫无所县者，可以有哀乎？彼视三釜、三千钟，如视蚊虻相过乎前也。』

【注释】

①重言十七：借重先哲时贤的言论占了十分之七。

②伦：分际，界限。

③蘁立：逆立，即违逆之意。

④及亲：父母双亲在世。

【译文】

寄寓的言论十句中有九句让人相信，引用圣哲的言论十句有七句让人相信，随心表达、无有成见的言论天天都有变化，跟自然的区分相吻合。

寄寓之言十句有九句可以让人相信，是由于借助于客观事物的实际来进行论述。父亲不给自己的儿子做媒。父亲夸赞儿子，总不如别人的称赞显得真实可信，这不是做父亲的过错，是人们易于猜疑的习惯。

跟自己的看法相同则应和，跟自己的看法不同则反对；跟自己的看法一致则肯定，跟自己的看法不一致就否定。引述圣哲的言论十句有七句让人相信，是因为传递了前辈的论述，这些人都是年事已高的长者。年龄比别人大，却不具备治世的本领和通晓事理的端绪，即使符合长者的厚德，这样的人也不能算是前辈长者。一个人如果没有先于他人的长处的地方，也就是缺乏做人之道；如果一个人缺乏做人之标准，这就称作陈腐无用的人。随心表达的言论天天变化，跟自然的区分相互吻合，因循无尽的变化与发展，因此能持久延年。

不说话事物的常理自然齐一，原本齐一的自然之理跟分辨事物的言论相比就没办法等同齐一了，既然言论跟客观齐一的自然之理不能和谐一致，因而虽然有话可说却不如不说。说出跟自然常理不能和谐一致的话就如同没有说话。一生在说话，也像是不曾说过话；而一生不说话，也未尝不是在说话。总有所原由方才认可，也总有所原由而不予认可；总是有所原由方才肯定，也总是有所原由而否定。怎么才算是正确的？正确的就在于是正确的。怎么样算是不正确的？不正确的就在于是不正确的。怎样才是可以肯定？肯定就在于它可以肯定。怎样才应当是否定？否定就在于它应当是否定的。万物原本就有它正确的一面，万物原本就有它可以肯定的一面，没有什么物类不存在正确的一面，没有什么物类不存在应当肯定的一面。如果不是随心表达言论天天变化，跟自然的区分相互吻合，什么言论能够长久？万物都有一个共同的起源，却用不同的形态相互替代，开始和结束就像在循环往返，没有谁能够掌握其中的规律，这就称作自然的均衡。自然的均衡也就是自然的分际。

庄子对惠子说：『孔子活了六十岁，而六十年来随年变化与日俱新，当初所肯定的，最终又作了否定，不知道现在所认为是对的是不是五十九岁时所认为是不对的。』惠子说：『孔子勤于励志且用心学习。』

庄子说：『孔子励志用心的精神现在已经大为减退，你不必再妄自评论了。孔子说过：「禀受才智于自然，回复灵性以全生」。如今其发出的声音合于乐律，说出的话合于法度。如果将利与义同时摆在人们的面前，进而分辨好恶与是非，这仅仅只能使人口服罢了。要使人们能够心悦诚服，而且不敢有丝毫违逆，还得确立天下的规矩。算了算了，我还比不上他呢！』

曾子再次做官时心情又产生了变化，他说：『我双亲在世的时候做官，虽然只有三釜的俸禄可是心情却很快乐；后来做官时，即使得到三千钟的俸禄却不能奉养双亲，因此我心里感到悲伤。』

弟子问孔子说：『像曾参那样，可以算是没有因为使心灵受到俸禄的牵累而犯过错误了吧？』

孔子回答说：『还是心有牵累啊。如果真的是内心无所牵累，还会有悲哀吗？那种心灵不受利禄牵累的人，他们看到俸禄，无论是三釜还是三千钟，都会像是看到鸟雀蚊虻飞过眼前一样，当作过眼烟云，根本不放在心上。』

颜成子游谓东郭子綦曰：『自吾闻子之言，一年而野[1]，二年而从，三年而通，四年而物，五年而来，六年而鬼入，七年而天成，八年而不知死、不知生，九年而大妙。』

『生有为，死也。劝公以其死也，有自也，而生阳也，无自也。而果然乎，恶乎其所适？恶乎其所不适？天有历数，地有人据，吾恶乎求[2]之？莫知其所终，若之何其无命也？莫知其所始若之何其有命也？有以相应也，若之何其无鬼邪？无以相应也，若之何其有鬼邪？』

众罔两[3]问于景曰：『若向也俯而今也仰，向也括撮而今也披发，向也坐而今也起，向也行而今也止，何也？」

景曰：「搜搜也，奚稍问也！予有而不知其所以。予，蜩甲也，蛇蜕也，似之而非也。火与日，吾屯也；阴与夜，吾代也。彼吾所以有待邪？而况乎以无有待者乎！彼来则我与之来，彼往则我与之往，彼强阳则我与之强阳。强阳者，又何以有问乎！」

阳子居南之沛，老聃西游于秦。邀于郊，至于梁而遇老子。老子中道仰天而叹曰：「始以汝为可教，今不可也。」

阳子居不答。至舍，进盥漱巾栉，脱屦户外，膝行而前，曰：「向者弟子欲请夫子，夫子行不闲，是以不敢；今闲矣，请问其过。」老子曰：「而睢睢盱盱，而谁与居？大白若辱④，盛德若不足」阳子居蹴然变容曰：「敬闻命矣！」

其往也，舍者迎将其家公执席，妻执巾栉，舍者避席，炀者避灶。其反也。舍者与之争席矣。

【注释】

①野：不文雅，指抛弃世俗的规矩礼节。

②恶乎求：无所追求。

③罔两：影子外圈的淡影。

④大白若辱：非常洁白的东西看起来好像被污染了。

【译文】

颜成子游对东郭子綦说：「自从我听了你的谈论，一年之后就返璞归真，两年之后就回归世俗，三年豁然贯通，四年与物混同，五年神情自得，六年灵会神悟，七年融于自然，八年就忽略生死，九年之后便达到了玄妙的境界。』

东郭子綦说：『生前驰逐外物恣意妄为，必然要走向死亡，劝诫人们事事求取公平。生命的终结，有它一定的原因。可是生命的产生却是因为阳气，并没有什么显明的迹象。你果真能够这样体会人的生与死吗？那么生与死何处算是适宜？又何处不算合适呢？天有日月星辰和节气季节的变化，地有人们居住区域和住所的划分，我又去哪里追求什么呢？没有人能够真正懂得生命的归向与完结，怎么能说没有命运的安排？没有人能够真正懂得生命的起始与形成，又怎说存在命运的安排？有时候可以跟外物形成相应的感召，怎么能说没有鬼神的主使呢？有时候又不能跟外物形成相对应的感召，又怎么能说是存在鬼神的驱遣呢？』

影外的微阴向影子问道：『你原先低着头现在仰起头，原先束着发髻现在披着头发，原先坐着现在站起，原先行走现在停下来，这是为什么呢？』

影子回答：『我就是这样地随意运动，有什么可问的？我

这么做自己也不知道为什么会这样。我就如同寒蝉蜕下来的壳、蛇蜕下来的皮，跟那本体事物相似却又不是那个事物本身。火与阳光，使我聚合而显明；阴与黑夜，使我得以隐息。但是有形的物体真就是我赖以存在的凭借吗？更何况是没有任何依待的事物呢！有形的物体来了我便随之而来，有形的物体离去了我也随之离去，有形的物体徘徊不前我就随之不停地运动。变化不定的事物有什么可问的呢？』

阳子居南下到沛地，老聃西游到秦地，阳子居在沛郊迎候老子，不过到梁地才见到了老子。半路上老子仰天长叹说：『原本我认为你可以教导，现在看来不可以了。』

阳子居默然不回应。到了旅舍中，阳子居非常恭敬地向老子奉上梳洗用品，把鞋脱在门外，然后跪着来到老子面前说：『刚才我想请教先生，先生忙着赶路，所以没敢打搅。现在有空了，请告诉我不可教的原因。』老子说：『你一副跋扈傲视的样子，谁愿跟你相处？一生清白的人依然觉得仍有污点，道德高尚的人应该仍保谦恭卑下的态度。』阳子居听了，满面羞惭地说：『敬听先生的教诲了！』

阳子居刚到沛地时，旅舍中的所有人都来欢迎他，旅舍男主人替他安排坐席，女主人为他拿洗梳用品，先到的客人避开坐席，炊夫离开灶火。等到他离沛返回时，旅舍的客人便和他争席而坐了。

【品读】

所谓寓言，就是寄寓的言论。《庄子》阐述道理和主张，常假托于故事人物，寓言的方法正是《庄子》语言表达上的一大特色。

第一部分至『天均者天倪也』，讨论了『寓言』『重言』和『卮言』，指出宇宙万物从根本上说是齐一的、等同的，辨析事物的各种言论说到底是不符合客观事理的，要么不如忘言，要么随顺而言不留成见，日日变化更新。第一部分是全文的主体。第二部分至『吾且不得及彼乎』，借庄子之口评说孔子不再励志用心，指出再好的言论也不能使人心悦诚服。第三部分至『如观雀蚊虻相过乎前也』，写曾参两次作官心情不一样，但都不能做到心无牵挂，所以还是不能摆脱外物的拘束。第四部分至『若之何其有鬼邪』，表述体悟大道的过程，指出这其间最为重要的是忘却死生。第五部分至『强阳者又何以有问乎』，写影外微阴问影子变化不定的故事，指出无所依待才能随心而动。余下为第六部分，写老子对阳子居（即杨子，中国古代著名思想家、哲学家）的批评以及阳子居的悔改，借此说明去除骄矜、容于众人，方才能真正做到修身养性。

全篇由六个部分组成，除第一段署名本书写作的文法特点外，其他段落杂写学道的过程和应持的态度。

让王

尧以天下让许由，许由不受。又让于子州支父，子州支父曰：『以我为天子，犹之可也。虽然，我适有幽忧之病，方且治之，未暇治天下也。』夫天下至重也，而不以害其生，又况他物乎！唯无以天下为者可以托天下也。

舜让天下于子州支伯。子州支伯曰：『予适有幽忧之病，方且治之，未暇治天下也。』故天下大器也，而不以易生，此有道者之所以异乎俗者也。

舜以天下让善卷，善卷曰：『余立于宇宙之中，冬日衣皮毛，夏日衣葛絺；春耕种，形足以劳动；秋收敛，身足以休食。日出而作，日入而息，逍遥于天地之间而心意自得。吾何以天下为哉！悲夫，子之不知余也！』遂不受。于是去而入深山，莫知其处。

舜以天下让其友石户之农，石户之农曰：『捲捲①乎后之为人，葆力之士也！』以舜之德为未至也，于是夫负妻戴，携子以入于海，终身不反也。

大王亶父居邠，狄人攻之。事之以皮帛而不受，事之以犬马而不受，事之以珠玉而不受，狄人之所求者土地也。大王亶父曰：『与人之兄居而杀其弟，与人之父居而杀其子，吾不忍也。子皆勉居矣！为吾臣与为狄人臣奚以异！且吾闻之，不以所用养②害所养。』因杖筴而去之。民相连而从之，遂成国于岐山之下。夫大王亶父，可望能尊生矣。能尊生者，虽贵富不以养伤身，虽贫贱不以利累形。今世之人居高官尊爵者，皆重失之，见利轻亡其身，岂不惑哉！

越人三世弑其君，王子搜患之，逃乎丹穴，而越国无君。求王子搜不得，从之丹穴。王子搜不肯出，越人熏之以艾③。乘以王舆。王子搜援绥登车，仰天而呼曰：『君乎，君乎，独不可以舍我乎！』王子搜非不恶为君也，恶为君之患也。若王子搜者，可谓不以国伤生矣！此固越人之所以得为君也。

【注释】

①捲捲：用力的样子。

②所用养：指土地。

③熏之以艾：用艾蒿烟熏丹穴。

【译文】

尧要把天下禅让给许由，许由不接受。又禅让给子州支父，子州支父说：『让我做天子，也还可以。

不过，我正巧有隐忧之患，刚准备去治病，没时间去治理天下。』天下是最重要的东西，连天下都不能使他危害生命，何况其他事物呢？只有那些不把治理天下的权位当一回事的人，才是可以委托天下给他的人。

舜要把天下让给子州支伯。子州支伯说：『我恰巧有隐忧之病，刚准备治病去，没闲暇去治理天下。』治理天下的权位是重要的器物，而不以生命来换取它，这是有道的人之所以和世俗之人的差别所在。

舜要把天下禅让给善卷，善卷说：『我站在天地间，冬天穿皮毛，夏天穿细布；春天耕田，身体足可以负担这种劳动；秋天收获庄稼，足可以休养安食；太阳出来后去劳动，太阳落山就休息，在天地之间逍遥自在地活着而心情悠然自得。我何必去治理天下呢，实在是可悲啊！你不了解我啊！』便没有接受。于是他离开舜进入深山，没人知道他最后去了哪里。

舜要把天下让给住在石户的农人朋友。石户的这位农人说：『真费劲啊我们国君，他是个珍惜勤劳的人！』认为舜的道德还没达到最高境界，于是丈夫连同妻子头顶着家里的东西，携带子女隐居于大海之畔，终身不再返回。

大王亶父居住在邠地，常常受到狄人的侵扰，他向狄人贡献兽皮和布帛，狄人不接受。他又向狄人敬献猎犬和宝马，狄人也不接受。然后他向狄人敬献珠宝和玉器，狄人还是不接受，狄人希望得到的是邠地的土地。大王亶父说：『和人家的兄长住在一起，却试图杀害他的弟弟；和人家的父亲住在一起，却杀害他的子女，我不忍心这样下去了。你们都留下吧！做我的子民和做狄人的子民没什么区别！况且我还听说「不要由于争夺用来养生的土地而伤害所养育的人民」。』于是大王亶父策马离开了邠地。邠地的百姓人纷纷跟着他。于是，在岐山下成立了一个新的国家。大王亶父，可以称得上是看重生命的人了。能够重视生命的人，就是处在富贵中也不用养生之物来损害身体，即便是处在贫贱中同样也不会因追逐私利而牵连形躯。现在，居于高官显位的人，时刻都担忧失去它们，他们见到利禄就争夺，轻率地为之赔上自己的生命，这难道不是很糊涂吗？

越人有三代杀掉了自己的国君，王子搜对此很害怕，便逃到丹穴洞中。越国没有了国君，寻找王子搜也没有找到，便一直追踪到丹穴。王子搜不肯出来，越人便用烟火熏丹穴，让他坐国君所乘的车子。王子搜拽着绳子上了车，高呼：『王位呀，王位呀！难道你不肯放过我吗？』王子搜并不是厌恶做国君，而是厌恶做国君所招来的祸患。像王子搜这样的人，可以说是不以国君的地位伤害其他人生命了，这正是越人要他做国君的真正原因。

韩、魏相与争侵地。子华子见昭僖侯，昭僖侯有忧色。子华子曰：『今使天下书铭①于君之前，书之言曰：「左手攫之则右手废，右手攫之则左手废，然而攫之者必有天下。」君能攫之乎？』

昭僖侯曰：『寡人不攫也。』

子华子曰：『甚善！自是观之，两臂重于天下也，身亦重于两臂。韩之轻于天下亦远矣，今之所争者，其轻于韩又远。君固愁身伤生以忧戚不得也！』

僖侯曰：『善哉！教寡人者众矣，未尝得闻此言也。』子华子可谓知轻重矣。

鲁君闻颜阖得道之人也，使人以币先焉。颜阖守陋闾，苴布之衣而自饭牛。鲁君之使者至，颜阖自对之。使者曰：『此颜阖之家与？』颜阖对曰：『此阖之家也。』使者致币，颜阖对曰：『恐听者谬而遗使者罪，不若审之。』使者还，反审之，复来求之，则不得已。故若颜阖者，真恶富贵着也。

故曰：道之真以治其身，其绪馀以为国家，其土苴②以治天下。由此观之，帝王之功，圣人之余事也，非所以完身养生也。今世俗之君子，多危身弃生以殉物，岂不悲哉！

凡圣人之动作也，必察其所以之与其所以为。今且有人于此，以随侯之珠，弹千仞之雀，世必笑之。是何也？则其所用者重而所要者轻也。夫生者，岂特随侯珠之重哉！

子列子穷，容貌有饥色。客有言之于郑子阳者，曰：『列御寇，盖有道之士也，居君之国而穷，君无乃为不好士乎？』郑子阳即令官遗之粟。子列子见使者，再拜而辞。

使者去，子列子入。其妻望之而拊心③曰：『妾闻为有道者之妻子，皆得佚乐，今有饥色。君过而遗先生食，先生不受，岂不命邪！』

子列子笑谓之曰：『君非自知我也。以人之言而遗我粟，至其罪我也，又且以人之言，此吾所以不受也。』其卒，民果作难而杀子阳。

【注释】

①铭：契约。

②土苴：糟粕。

③拊心：捶胸，表示愤怒的惋惜之意。

【译文】

韩国和魏国相互争夺对方的土地。子华子去见昭僖侯，看见昭僖侯面带忧色。子华子说：『如果现在使天下人在你面前立个誓约，誓约写道：「左手夺取它就砍掉右手，右手夺到它就砍掉左手，然而谁夺取它就可以得到天下。」你愿意去夺取它吗？』

昭僖侯说：『我不愿意夺取。』

子华子说：『很好！这样看来，你的两只手臂比天下更重要，身体又比两臂更重要。韩国与天下相比要轻得多！现在所争夺的土地，又远比韩国轻。你何苦劳累自己的身体来伤害生命而忧虑得不到土地呢！』

昭僖侯说：『好啊！有很多开导我的人，从来还没有听到过这样的话。』子华子可以称得上认识轻重了。

鲁国国君听说颜阖是得道之人，派人带着帛去表达心意。颜阖住在简陋的巷子里，穿着粗麻布的衣裳，

正在喂牛。鲁君的使者来了，颜阖亲自接待他。使者说：『这是颜阖家吗？』颜阖回答说：『这是他家。』使者送上币帛，颜阖又说：『我恐怕你听错了国君的话而给你招来罪过，不如回去把鲁君的命令再审核个明白。』使者回去，反复核实，再来找他，却找不到人了！所以像颜阖这样的人，才真是厌恶富贵的人。

所以说，大道的精髓是用来修身养性的，它的残余可以用来治理国家，而那粪土般的糟粕就只好拿来治理天下了。可见，帝王的功业，只不过是圣人抛弃的事，并不是用来养生的。现在世俗的君子却危害身体抛弃心性来追求这些东西，难道不可悲吗？

大凡圣人的一举一动，必定要观察它所追求的目的和此举的原因。如今如果有这样一种人，用珍贵的随侯珠做弹丸去打飞得很高很高的麻雀，世上的人们一定会嘲笑他。这是为什么呢？这是因为他所使用的东西实在贵重而所要求取的东西又实在微不足道。而人的身体性命，难道只有随侯珠那样贵重吗？

列子生活贫困，常挨饿。有人对郑国的上卿子阳说起此事：『列御寇是一位有道之人，居住在你治理的国家却是如此贫困，你恐怕不喜欢贤达的士人吧？』子阳立即派官吏给列子送米粟。列子见到派来的官吏，再三辞谢并不接受子阳的赐予。

官吏离去后，列子进到屋里，列子的妻子埋怨他并且伤心地说：『我听说作为有道的人的妻子儿女，都能够享尽逸乐，可是如今我们却常饿肚子。郑相子阳瞧得起先生才会把食物赠给先生，可是你却拒不接受，这难道不是命里注定要忍饥挨饿吗？』

列子笑着对她说：『郑相子阳并不了解我。他由于别人的谈论而派人赠与我米粟，等到他想加罪于我时一定也会凭借别人的谈论，这就是我不愿接他赠物的原因。』后来，百姓果真发难而杀死了子阳。

楚昭王失国，屠羊说走而从于昭王。昭王反国，将赏从者。及屠羊说。屠羊说曰：『大王失国，说失屠羊。大王反国，说亦反屠羊。臣之爵禄已复矣，又何赏之有！』

王曰：『强之。』屠羊说曰：『大王失国，非臣之罪，故不敢伏其诛；大王反国，非臣之功，故不敢当其赏。』

王曰：『见之。』屠羊说曰：『楚国之法，必有重赏大功而后得见。今臣之知不足以存国，而勇不足以死寇。吴军入郢，说畏难而避寇，非故随大王也。今大王欲废法毁约而见说。此非臣之所以闻于天下也。』

王谓司马子綦曰：『屠羊说居处卑贱而陈义甚高，子綦为我延之以三旌之位[①]。』

屠羊说曰：『夫三旌之位，吾知其贵于屠羊之肆也；万钟之禄，吾知其富于屠羊之利也。然岂可以贪爵禄而使吾君有妄施之名乎？说不敢当，愿复反吾屠羊之肆。』遂不受也。

原宪居鲁，环堵[②]之室，茨以生草；蓬户不完，桑以为枢，而瓮牖二室，褐以为塞；上漏下湿，匡坐而弦歌。

子贡乘大马，中绀而表素，轩车不容巷，往见原宪。原宪华冠縰履，杖藜而应门。

子贡曰：『嘻！先生何病？』

原宪应之曰：『宪闻之，无财谓之贫，学而不能行谓之病。今宪贫也，非病也。』

子贡逡巡[③]而退有愧色。

原宪笑曰：『夫希世而行，比周而友。学以为人，教以为己，仁义之慝，舆马之饰，宪不忍为也。』

曾子居卫，缊袍④无表，颜色肿哙，手足胼胝。三日不举火，十年不制衣，正冠而缨绝，捉衿而肘见，纳屦而踵决。曳纵而歌《商颂》，声满天地，若出金石。天子不得臣，诸侯不得友。故养志者忘形，养形者忘利，致道者忘心矣。

【注释】

①三旌之位：三卿之位。

②环堵：一丈为堵。

③逡巡：进退不得。

④缊袍：以乱麻为絮的袍子。

【译文】

楚昭王失掉了国家，屠羊说跟随逃亡。昭王复国后，要奖赏跟随的人，赏赐轮到了屠羊说。屠羊说说：『大王失掉国土，我便失去了屠羊的职业；大国复归国土，我也就恢复了职业。我的爵禄已经恢复了，又有什么可奖赏的呢？』

昭王说：『强令他接受赏赐。』屠羊说说：『大王失去国家，不是我的罪过，所以不愿接受惩罚；大王复归国土，没有我的功劳，所以也不愿要赏赐。』昭王说：『我要见他！』屠羊说说：『根据楚国的法律，只有立下大功，领受重赏，才能见到国君。眼下我的智慧不足以保卫国家，我的勇武不足已斩杀敌寇。吴军攻进郢都，我怕劫难而躲避敌军，并非特意追随大王。现在大王打算不顾法律法规而接见我，这不是使我闻名于天下的好方法。』

昭王对司马子綦说：『屠羊说身份卑贱，但阐述的道理却非常深刻，您还是代我请他出任三卿之职。』

屠羊说说：『三卿之职，我非常清楚它比屠羊显贵得多；万钟粮食的俸禄，我也很清楚它比屠羊收入丰厚得多。但是我岂能因为贪图爵位和俸禄而使我的国君背负肆意行赏的恶名呢？我不敢接受这些赏赐，只愿重返我那屠羊宰牲的作坊。』于是不肯接受赏赐。

原宪住在鲁国一丈大小的居室里，青草盖顶，蓬蒿门户不完整，用桑条做门轴而窗户也简陋，用破毡间隔两个居室，屋顶漏雨地面就潮湿，他端坐而弹琴诵诗。

子贡乘坐豪华的车子，里边穿的是青红色衣服而外面穿着白色衣服，大夫用的车子不能出入在小巷中，他则走着去见原宪。原宪戴着桦皮帽，穿着无跟草鞋，拄着藜草茎的手杖而接应在门前。

子贡说：『唉！先生你有什么病吗？』

原宪回答他说：『我听老师说过，没有钱财叫作贫困，学而不实叫作病。现在我是贫困，并不是有病。』

子贡进退两难而面有愧色。

原宪笑着说：『如若观望世俗好恶而行事，以结党营私为目的而交友。学习只是为了显耀于人；教育不是为善导别人而是为了自己。这样做也就是失去了仁义，即便用车马来装饰自己也无济于事，所以我不忍这样去做。』

曾子住在卫国，穿着破袍子没有外罩，颜色浮肿，手脚长着老趼，常常不生火做饭，十年没有添置一件新衣服。整理帽子的时候，帽带子就断了；提起领子的时候，衣服就会破，扯露出脖子来；穿着麻鞋，一拔脚后跟鞋子就会裂开。曾子还趿拉着鞋子唱《商颂》，声音洪亮，像是金石相撞击的声音那样清脆。

天子不能使他为臣子，诸侯不能和他交朋友。所以养志的人忘了身体，修身的人忘了利禄，求道的人忘了心思。

孔子谓颜回曰：『回，来！家贫居卑[1]，胡不仕乎？』

颜回对曰：『不愿仕。回有郭外之田五十亩，足以给飦粥；郭内之田十亩，足以为丝麻；鼓琴足以自娱；所学夫子之道者足以自乐也。回不愿仕。』

孔子愀然变容曰：『善哉，回之意！丘闻之：「知足者不以利自累也，审自得者失之而不惧，行修于内者无位而不怍。」丘诵之久矣，今于回而后见之，是丘之得也。』

中山公子牟谓瞻子曰：『身在江海之上，心居乎魏阙[2]之下，奈何？』

瞻子曰：『重生，重生则利轻。』中山公子牟曰：『虽知之，未能自胜也。』瞻子曰：『不能自胜则从之，神无恶乎？不能自胜而强不从者，此之谓重伤。重伤之人，无寿类矣。』

魏牟，万乘之公子也，其隐居岩穴也，难为于布衣之士；虽未至乎道，可谓有其意矣。

孔子穷于陈蔡之间，七日不火食，藜羹不糁，颜色甚惫，而弦歌于室。颜回择菜，子路、子贡相与言曰：『夫子再逐于鲁，削迹于卫，伐树于宋，穷于商周，今复厄于此。杀夫子者无罪，藉夫子者无禁。弦歌鼓琴，未尝绝音，君子之无耻也若此乎？』

颜回无以应，入告孔子。孔子推琴喟然而叹曰：『由与赐，细人也。召而来，吾语之。』

子路、子贡入。子路曰：『如此者可谓穷矣！』

孔子曰：『是何言也？君子通于道之谓通，穷于道之谓穷。今丘抱仁义之道以遭乱世之患，其何穷之为！故内省而不穷于道，临难而不失其德，大寒既至，霜雪既降，吾是以知松柏之茂也。桓公得之莒，交公得之曹，越王得之会稽。陈蔡之隘③，于丘其幸乎！』

孔子削然反琴而弦歌，子路扢然④执干而舞。子贡曰：『吾不知天之高也，地之下也。』

古之得道者，穷亦乐，通亦乐。所乐非穷通也，道德于此，则穷通为寒暑风雨之序矣。故许由娱于颍阳，而共伯得乎丘首。

【注释】

①居卑：所处的地位卑下。

②魏阙：宫殿高大的门庭，指朝廷。

③隘：困厄。

④扢然：威武的样子。

【译文】

孔子对颜回说：『颜回啊！你来，你家境贫寒，你住的地方那么狭小，为什么不出来做官呢？』

颜回说：『我无心做官，城外我有五十亩地，供给我食粮够了；城内我有四十亩地，种麻养蚕足够了；拨动琴弦足够让我娱乐了，领悟先生教给的道理足以让我快乐了。所以我不愿做官。』

孔子听了深受感动，面容改色，说：『你的心愿真好啊！』我听说：「知足的人不会因为利禄而让自己受累，真正安闲自得的人明明知道失去什么也不会有所顾及，注意内心修养的人即使没有做官也不会感到惭愧。」我吟咏这样的话很久了，现在在你的身上我才算真正看到了它，这也是我的一点收获啊！』

魏牟对瞻子说：『身体虽然隐于江海之上，可内心却眷恋朝廷的富贵，这该怎么办呢？』

瞻子说：『应当重视生存之道。一旦重视存生之道，就会把名利看得很轻。』魏牟说：『虽然知道，但却不能克制自己的欲望。』瞻子说：『既然不能克制情欲，那就姑且放任它。这样做，精神还能再产生嫌恶吗？不能克制情欲，而又强制着不放任它，这叫作再次受伤。再次受伤的人，就不能成为长寿的人了。』

魏牟，是万乘大国的公子，他隐居在山岩洞穴中，困难要比平民百姓大。虽然还没有达到道的境界，但可以说是有向道的心意了！

孔子在陈、蔡之间遭受困难，七天不能生火做饭，在野菜汤里连一粒米屑也没有，他脸色疲惫，可是还在屋里不停地弹琴唱歌。颜回在室外摘菜，子路和子贡谈论道：『先生两次被赶出鲁国，在卫国遭受铲削足迹的污辱，在宋国受到砍掉大树的羞辱，在商、周后裔居住的地方走投无路，如今在陈、蔡之间又陷入如此困境，图谋杀害先生的没有治罪，凌辱先生的没有禁阻，而先生还不停地弹琴吟唱，不曾中断过乐声，君子不懂得羞辱竟达到这样的地步吗？』

颜回没有办法回答，进入内室告诉给孔子。孔子推开琴弦长叹一声说：『子路和子贡真是见识浅薄。叫他们进来，我有话对他们说。』

子路和子贡进到屋里。子路说：『像现在这样的处境真的可以说是走投无路了！』

孔子说：『这算什么话！君子通达于道叫作一以贯通，不能通达于道叫作走投无路。如今我信守仁义之道而遭受乱世带来的祸患，怎么能说成是走投无路？所以说，善于反省便不会不通达于道，面临困难就不会丧失德行，严寒已到来，霜雪降临大地，我这才真正看到了松柏仍是郁郁葱葱。陈、蔡之间的困厄，对于我来说恐怕还是一件幸事啊！』

孔子说完后安详地拿过琴随着琴声阵阵歌咏，子路兴奋而又勇武地拿着盾牌跳起舞来。子贡说：『我真不知道先生如此高洁，而我却是浅薄啊！』

古时候得道之人，困厄时也能快乐，通达时也能快乐。心境快乐的原因不在于困厄与通达，道德存留于心中，那么困厄与通达都像寒与暑、风与雨那样有规律地变化。所以，许由能在颍水的北岸求得欢娱而共伯则在共首之山怡然自得地生活。

舜以天下让其友北人无择，北人无择曰：『异哉，后①之为人也，居于畎亩之中，而游于尧之门。不若是而已，又欲以其辱行漫我。吾羞见之。』因投于清泠之渊。

汤将伐桀，因卞随而谋。

卞随曰：『非吾事也。』

汤曰：『孰可？』

曰：『吾不知也。』

汤又因瞀光而谋。

瞀光曰：『非吾事也。』

汤曰：『孰可？』

曰：『吾不知也。』

汤曰：『伊尹何如？』

曰：『强力忍垢，吾不知其他也。』

汤遂与伊尹谋伐桀，克之，以让卞随。卞随辞曰：『后之伐桀也谋乎我，必以我为贼②也；胜桀而让我，必以我为贪也。吾生乎乱世，而无道之人再来漫我以其辱行，吾不忍数闻也。』乃自投椆水而死。

汤又让瞀光，曰：『知者谋之，武者遂之，仁者居之，古之道也。吾子胡不立乎？』

瞀光辞曰：『废上，非义也；杀民，非仁也；人犯其难，我享其利，非廉也。吾闻之：「非其义者，不受其禄，无道之世，不践其土。」况尊我乎！吾不忍久见也。』乃负石而自沈于庐水。

昔周之兴，有士二人处于孤竹，曰伯夷叔齐。二人相谓曰：『吾闻西方有人，似有道者，试往观焉。』至于岐阳，武王闻之，使叔旦往见之，与盟曰：『加富二等，就官一列。』血牲而埋之。

二人相视而笑曰：『嘻，异哉！此非吾所谓道也。昔者神农之有天下也，时祀尽敬而不祈喜；其于人也，忠信尽治而无求焉。乐与政为政，乐与治为治，不以人之坏自成也，不以人之卑自高也，不以遭时自利也。今周见殷之乱而遽[3]为政，上谋而下行货，阻兵而保威，割牲而盟以为信，扬行以说众，杀伐以要利，是推乱以易暴也。吾闻古之士，遭治世不避其任，遇乱世不为苟存。今天下闇，周德衰，其并乎周以涂吾身也，不如避之以洁吾行。』二子北至于首阳之山，遂饿死焉。若伯夷、叔齐者，其于富贵也，苟可得已，则必不赖。高节戾行，独乐其志，不事于世，此二士之节也。

【注释】

①后：君主，指舜。

②贼：残忍。

③遽：急着。

【译文】

舜想把天下让给他的朋友北人无择。北人无择说：『真奇怪啊，君主的为人，处于田亩之中的人，而游历于尧帝之门，不就是仅此而已吗？还要用他的耻辱行为来玷污我。我以见到他感到羞耻。』于是自己投入清冷之渊而死。

商汤要讨伐夏桀，就与卞随商量这件事。

卞随说：『这不是我该说的事情。』

商汤说：『跟谁说可以？』

卞随说：『我不知道。』

商汤又就此事同瞀光商量。

瞀光说：『这不是我范围内的事情。』

商汤说：『跟谁说可以？』

瞀光说：『我不知道。』

商汤说：『伊尹怎样？』

回答说：『他倒是可以尽自己的努力而忍受耻辱，别的我就不知道了。』

汤就和伊尹策谋讨伐夏桀，最终战胜了夏桀。汤让位给卞随。卞随推辞说：『君主伐桀时找我出主意，一定以为我是残忍的人；战胜了夏桀却让位给我，一定认为我是个贪婪的人。我生于乱世，而无道的人一再用耻辱的行为来玷污我，我不能再忍受这种搅扰！』于是自投椆水而死。

商汤又让位给瞀光，说：『有智慧的人策谋它，武勇的人完成它，仁义的人来就位，这是自古以来的道理。你为什么不即位呢？』

瞀光推辞说：『废黜君上，不是义；杀害人民，不是仁；别人遇到难，我享其利，不是廉。我听说：「不合于义的，不接受其利禄；无道的社会，不踏上它的土地。」何况是要把我尊奉到君位上呢？我不忍心长期目睹这种情况。』于是背负石头而自沉于庐水。

昔日周朝兴起的时候，有两个国君的兄弟住在孤竹，名叫伯夷和叔齐。两人商量说：『听说西方有个有道的人，我们前去看看。』他们来到岐山的南面。周武王听说了，派周公旦前去拜见。周公旦和他们立盟约说：『增加俸禄二等，授予一等官职。』然后用牲口的血涂抹在盟书上并且埋入地下。

二人相视而笑，说：『咦，真奇怪啊！这不是我们所说的道。从前神农氏治理天下，按时令祭祀天地，竭尽诚敬而并不是为了求福；对于民众，满怀忠信之心去治理而不祈求什么。乐意纠正的人就同他们一起纠正，喜欢治理的人就同他们一起去治理。不以别人的失败来显耀自己的成功，不以别人卑下而抬升自己，不以逢好时运而谋图私利。现在周朝看到殷朝的混乱就仓促地想要夺取政权，想用爵禄收买人心，专靠武力而保持威势，杀死牲口立盟作为信誓，宣扬自己的美行来哗众取宠，屠杀攻伐来追求利益。这是推行乱政来代替暴政。我们听说古代的贤士，时逢治世不逃避自己的责任，时遇乱世不苟且偷生。现如今，天下昏暗，殷德衰败，与其和周朝并存污辱我们，还不如避开它，以洁净我们的德行。』二人向北走到了首阳山，最终饿死在了那里。对于富贵，像伯夷、叔齐这样的人，如果可以得到，那么一定不去获取，而是表现出高尚的气节和不平凡的行为，展示自己的志向，不用于世事。这就是二位贤士的节操。

【品读】

『让王』，意思是禅让王位。本篇的主旨在于阐述重生，提倡不因外物妨碍生命的思想。利禄不可取，王位可以让，全在于看重生命，保全生命。『轻物重生』的观点历来多有指斥，认为与庄子思想不合，但其间亦有相通之处。且先秦诸子思想也常互相渗透与影响，尽可看作庄子后学所撰。

全文写了十六七个小故事，大体可以划分为十个部分。第一部分至『终身不反也』，写许由、子州支父、善卷和石户之农不愿接受禅让的故事，明确阐述了重视生命的思想，天下固然『至重』，但却不能以此害生。本部分在阐明题旨上处于重要地位。第二部分至『此固越人之所欲得为君也』，写周文王的祖父大王亶父迁邠和王子搜不愿为君的故事，在前一部分的基础上进一步阐述重视生命的思想。第三部分至『岂特随侯之重哉』，通过子华子与昭僖侯的对话和鲁君礼聘颜阖而颜阖不愿接受的故事，进一步指出要分清事物的轻与重，生命是重要的，利禄、土地等身外之物是不值得看重的，用宝贵的生命去追逐无用的外物，就好像用随侯之珠弹打高飞的麻雀。第四部分至『民果作难而杀子阳』，写列子贫穷却不愿接受官府的赠予。第五部分至『遂不受也』，写屠羊说有功也不受禄，表达了轻视利禄、追求高义的思想。第六部分至『是丘之得也』，写原宪、曾子、颜回身处卑微、生活贫困，却不愿为官，不愿追求利禄，表达了安贫乐道的思想。第七部分至『可谓有其意矣』，通过魏牟和瞻子的对话，提出『重生』、轻利的观点。第八部分至『故许由娱于颍阳而共伯得乎共首』，写孔子身处厄境也随遇而安，说明得道之人方能『穷亦乐』『通亦乐』。第九部分至『乃负石而自沈于庐水』，写北人无择、卞随和瞀光鄙薄禄位不愿为君的故事，内容跟第一部分相似。余下为第十部分，写伯夷、叔齐对周王朝夺取天下的评价，斥之为『推乱以易暴』，宁可饿死于首阳山，也不愿『并乎周』而玷污自身。

盗跖

孔子与柳下季为友，柳下季之弟，名曰盗跖。盗跖从卒①九千人，横行天下，侵暴诸侯；穴室枢户，驱人牛马，取人妇女；贪得忘亲，不顾父母兄弟，不祭先祖。所过之邑，大国守城，小国入保，万民苦之。孔子谓柳下季曰：『夫为人父者，必能诏其子；为人兄者，必能教其弟。若父不能诏其子，兄不能教其弟，则无贵父子兄弟之亲矣。今先生，世之才士也，弟为盗跖，为天下害，而弗能教也，丘窃为先生羞之。丘请为先生往说之。』

柳下季曰：『先生言为人父者必能诏其子，为人兄者必能教其弟，若子不听父之诏，弟不受兄之教，虽今先生之辩，将奈之何哉！且跖之为人也，心如涌泉，意如飘风，强足以距敌，辩足以饰非，顺其心则喜，逆其心则怒，易辱人以言。先生必无往。』

孔子不听，颜回为驭，子贡为右，往见盗跖。盗跖乃方休卒大山之阳，脍人肝而餔之。孔子下车而前，见谒者曰：『鲁人孔丘，闻将军高义，敬再拜谒者。』

谒者入通，盗跖闻之大怒，目如明星，发上指冠，曰：『此夫鲁国之巧伪人孔丘非邪？为我告之：尔作言造语，妄称文武，冠枝木之冠，带死牛之胁，多辞缪说，不耕而食，不织而衣，摇唇鼓舌，擅生是非，以迷天下之主，使天下学士不反其本，妄作孝弟而侥幸于封侯富贵者也。子之罪大极重，疾走归！不然，我将以子之肝益昼餔之膳！』

孔子复通曰：『丘得幸于季，愿望履幕下。』谒者复通，盗跖曰：『使来前！』孔子趋而进，避席反走，再拜盗跖。盗跖大怒，两展其足，案剑瞋目，声如乳虎，曰：『丘来前！若所言，顺吾意则生，逆吾意则死。』

孔子曰：『丘闻之，凡天下有三德：生而长大，美好无双，少长贵贱见而皆说之，此上德也；知维天地，能辩诸物，此中德也；勇悍果敢，聚众率兵，此下德也。凡人有此一德者，足以南面称孤矣。今将军兼此三者，身长八尺二寸，面目有光，唇如激丹，齿如齐贝，音中黄钟，而名曰盗跖，丘窃为将军耻不取焉。将军有意听臣，臣请南使吴越，北使齐鲁，东使宋卫，西使晋楚，使为将军造大城数百里，立数十万户之邑，尊将军为诸侯，与天下更始[2]，罢兵休卒，收养昆弟，共祭先祖。此圣人才士之行，而天下之愿也。』

盗跖大怒曰：『丘来前！夫可规以利而可谏以言者，皆愚陋恒民之谓耳。今长大美好，人见而悦之者，此吾父母之遗德③也。丘虽不吾誉，吾独不自知邪？』

『且吾闻之，好面誉人者，亦好背而毁之。今丘告我以大城众民，是欲规我以利而恒民畜我也，安可久长也！城之大者，莫过乎天下矣。尧、舜有天下，子孙无置锥之地；汤、武立为天子，而后世绝灭。非以其利大故邪？』

【注释】

①从卒：随从起义的人。

②更始：除旧布新，变更，变化一新。

③遗德：遗传的品性。

【译文】

孔子与柳下季是朋友，柳下季之弟名叫盗跖。盗跖的部下有九千人，横行天下，侵扰各国诸侯；穿室破门，掠夺牛马，抢劫妇女；贪财妄亲，毫不顾及父母兄弟，也不祭祀祖先。他所经过的地方，大国闭守城池，小国退入城堡，百姓被他弄得苦不堪言。孔子对柳下季说：『大凡做父母的，必定能告诫子女；做兄长的，必定能教育弟弟。假如做父亲的不能告诫子女，做兄长的不能教育兄弟，那么父子、兄弟之间的亲密关系也就没有什么可贵的了。如今先生你是当世贤士，然而兄弟却被叫作盗跖，是天下的祸害，而且不能加以管教，我私下里替先生感到羞愧。我愿意前去替你说服他。』

柳下季说：『先生谈到做父亲的必定能教导自己的子女，做兄长的必定能教育自己的弟弟，假如子女不听父亲的告诫，兄弟不接受兄长的教诲，即使像先生这样能言善辩的，又能拿他怎么样呢？而且盗跖思想活跃犹如喷涌的泉水，感情变化就像骤起的暴风，他勇武强悍足以抗击敌人，巧言善辩足以掩盖过失，顺从他的心意他便高兴，违背他的意愿他就乱发脾气，容易用言语侮辱别人。先生千万不要去见他。』

孔子不听，让颜回驾车，子贡骖乘，前去见盗跖。盗跖正好在泰山的南面休整队伍，将人肝切碎后吃掉。孔子下了车走到跟前，见了禀报的人员说：『鲁国人孔丘，听说将军刚毅正直，拜托转达我前来拜见的心意。』

传达的人进去通报，盗跖听后大怒，眼睛瞪得像星星那么明亮，头发冲冠，说：『这不就是鲁国善于弄虚作假的孔丘吗？替我告诉他：「你制造舆论，随意颂扬周文王、周武王的道德，头上戴着华饰繁多的帽子，系着牛皮做的腰带，满口繁词谬说，不耕种却吃得很好，不织造衣服却穿得很好，议论游说，无端地制造各种是非，来迷惑天下的国君，使天下的学士不能返归自然的本性，虚伪地称说孝悌，企图求得封侯而成为富贵之人。你罪大恶极应当加重惩处，赶快滚回去！不然，我就挖你的肝出来增加午餐的膳食！」』

孔子又请通报说：『我孔丘有幸亲近柳下季，希望能够一登将军的帐下。』传达的人再进去通报，盗跖说：『叫他进来！』孔子快步走进帐幕，让开坐席后，退数步，又一次拜谢盗跖。盗跖非常生气，两脚伸直岔开而坐，手按宝剑，睁圆双眼，声音犹如老虎，说：『孔丘过来！如果你所说的话，顺从我的心意就叫你活，违反我的心意就要你死。』

孔子说：『我听说，大概天下的人有三种美德：魁梧的身材，俊美的容貌，无人可比，不管是年少年长、地位高低的看见他都很喜欢，这是上等的品德；才智能够包罗天地，才能可以辨识各种事物，这是中等的品德；勇武果断，能聚集并率领士兵，这是次等的品德。无论什么人只要具有了其中一种美德，就足以南面称王了。现在将军兼有这三种美德，身高八尺二寸，两眼炯炯有神，嘴唇如丹砂鲜亮，牙齿如列贝整齐，声音像黄钟一样洪亮，而名字却叫盗跖，我个人为将军羞耻，认为不应当有此恶名。如果将军有意听从我的意见，我愿意到南面出使吴国和越国，向北面出使齐国和鲁国，向东面出使宋国和卫国，向西面出使晋国和楚国，让各国为将军建造数百里的大城，建立数十万户的封地，尊奉将军为诸侯，给天下除旧布新，放下武器使士兵修养生息，收养兄弟，供祭先祖。这才是圣人贤士应该做的事情，也是天下人的心愿。』

盗跖大怒说：『孔丘上前来！凡是可以用利禄来劝说、用言语来谏正的，都只能当成愚昧、浅陋的普通顺民。如今我身材高大魁梧，面目英俊美好，人人见了都喜欢，这是我的父母给我留下的。你孔丘即使不说，我难道不知道吗？』

『我还听说，喜好当面夸奖别人的人，也爱背地里诋毁别人。如今你把你的意图告诉给我，这是用功利来诱惑我，而且是用对待普通顺民的态度来对待我，这怎么可以长久呢！城池最大的，莫过于整个天下。

尧、舜拥有天下，子孙却无立足之地；商汤与周武王立做天子，可是后代却遭灭绝，这不是因为他们贪求占有天下的缘故吗？』

『且吾闻之，古者禽兽多而人少，于是民皆巢居以避之，昼拾橡栗，暮栖其上，故命之曰有巢氏之民。古者民不知衣服，夏多积薪，冬则炀之，故命之曰知生之民。神农之世，卧则居居①，起则于于②，民知其母，不知其父，与麋鹿共处，耕而食，织而衣，无有相害之心，此至德之隆也。然而黄帝不能致德，与蚩尤战于涿鹿之野，血流百里。尧、舜作，立群臣，汤放其主，武王杀纣。自是之后，以强陵弱，以众暴寡。汤、武以来，皆乱人之徒也。』

『今子修文武之道，掌天下之辩，以教后世，摓衣浅带，矫言伪行，以迷惑天下之主，而欲求富贵焉，盗莫大于子。天下何故不谓子为盗丘，而乃谓我为盗跖？子以甘辞说子路而使从之，使子路去其危冠，解其长剑。而受教于子，天下皆曰孔丘能止暴禁非。其卒之也，子路欲杀卫君而事不成，身菹于卫东门之上，是子教之不至也。子自谓才士圣人邪？则再逐于鲁，削迹于卫，穷于齐，围于陈蔡，不容身于天下。子教子路菹此患，上无以为身，下无以为人，子之道岂足贵邪？』

『世之所高，莫若黄帝，黄帝尚不能全德，而战于涿鹿之野，血流百里。尧不慈，舜不孝，禹偏枯，汤放其主，武王伐纣，文王拘羑里。此六子者，世之所高也，孰论之，皆以利惑其真而强反其情性，其行乃甚可羞也。』

『世之所谓贤士，伯夷、叔齐。伯夷、叔齐辞孤竹之君而饿死于首阳之山，骨肉不葬。鲍焦饰行非世，抱木而死。申徒狄谏而不听，负石自投于河，为鱼鳖所食。介子推至忠也，自割其股以食文公，文公后背之，子推怒而去，抱木而燔死。尾生与女子期于梁下，女子不来，水至不去，抱梁柱而死。此六子者，无异于磔犬流豕、操瓢而乞者，皆离名轻死，不念本养寿命者也。

『世之所谓忠臣者，莫若王子比干、伍子胥。子胥沈江，比干剖心，此二子者，世谓忠臣也，然卒为天下笑。自以上观之，至于子胥比干，皆不足贵也。』

『丘之所以说我者，若告我以鬼事，则我不能知也；若告我以人事者，不过此矣，皆吾所闻知也。今吾告子以人之情，目欲视色，耳欲听声，口欲察味，志气欲盈。人上寿百岁，中寿八十，下寿六十，除病瘦死丧忧患，其中开口而笑者，一月之中不过四五日而已矣。天与地无穷，人死者有时，操有时之具而托于无穷之间，忽然无异骐骥之驰过隙也。不能说其志意，养其寿命者，皆非通道者也。』

『丘之所言，皆吾之所弃也，亟去走归，无复言之！子之道，狂狂汲汲[3]，诈巧虚伪事也。非可以全真也，奚足论哉！』

孔子再拜趋走，出门上车，执辔三失，目芒然无见，色若死灰，据轼低头，不能出气。归到鲁东门外，适遇柳下季。柳下季曰：『今者阙然数日不见，车马有行色，得微往见跖邪？』孔子曰：『然。』柳下季曰：『跖得无逆汝意若前乎？』孔子曰：『然。丘所谓无病而自灸者也，疾走料虎头，编虎须，几不免虎口哉！』

【注释】

①居居：安静的样子。

②于于：行动舒缓自得的样子。

③狂狂：狂妄无度，形容诈巧。汲汲：心情急切，形容虚伪。

【译文】

『况且我还听说，古时兽多人少，于是人们都居住在树上来躲避野兽，白天拾取橡子，夜晚住在树上，因而称他们为有巢氏之民。古时的人们不知道穿衣，夏天多多存积柴草，冬天就烧火取暖，所以称他们为懂得生存的人。到了神农时代，住所是多么安静闲暇，行动是多么悠然自得，人们只知道母亲，不知道父亲，跟动物生活在一起，自己种自己吃，自己织布自己穿，没有想到过伤害别人，这就是道德鼎盛的时代。然而到了黄帝就不再具有这样的德行，跟蚩尤在涿鹿的郊野上发生了战斗，流血百里。尧、舜称帝，设置百官，商汤放逐了其君主，武王杀死了纣王。此后，世上总是依仗强权欺凌弱小，依仗势众侵害寡少。商汤、武王以后，就都是属于篡逆叛乱的人了。』

『现在你研修文王、武王的治国方略，控制天下的舆论，一心想要用你的主张传教后世的子孙，穿着宽衣博带的儒式服装，言行举止矫揉造作，用来迷惑天下的诸侯，而且一心想用这样的方法追求高官厚禄，要说大盗再没有比你大的了。天下为何不叫你作盗丘，反而竟称我是盗跖呢？你用甜言蜜语说服了子路，让他死心塌地地跟随你，使子路去掉了勇武的高冠，解除了长长的佩剑，受教于你的门下，人们都说你孔子能够制止暴力禁绝不轨。可是后来，子路想要杀掉篡逆的卫君却失败了，而且自己在卫国东门上还被剁成了肉酱，这就是你那套说辞的失败。你不是自称才智的学士、圣哲的人物吗？却两次被赶出鲁国，在卫国被人铲掉所有足迹，在齐国被逼得走投无路，在陈国、蔡国之间遭受困厄，不能容身于天下。而你所教育的子路却又遭受这样的祸患，做师长的没有办法在社会上立足，做学生的也就没有办法在社会上做人，你的那套主张难道还有可用之处吗？』

『现在，人们都认为黄帝是这个世界上最尊贵的人了，可是连黄帝也算不上是全德之人，他在涿鹿的郊野开战，流血百里。尧对儿子没有慈爱，舜不孝顺父母，大禹弄得骨瘦如柴，商汤放逐了他的君主，武王出兵讨伐纣王，文王被拘禁在羑里城。这六个人，目前都是人们心目中最尊贵的人，连他们都这德性，还讲什么仁义道德。你的那一套理论，都是用一些利益诱惑人的真性情，反倒利用这一点强迫人们失去了真性情。你真是不知什么是不好意思哟！』

『现在人们所尊重的贤士，首推伯夷、叔齐。伯夷、叔齐留下了孤竹君子的美名，却饿死在首阳山上，连骨肉都得不到埋葬。鲍焦饰行非世，上吊而死。申徒狄谏而不听，负石投河自尽，为鱼鳖所食。介子推是一个极为忠诚的人，他自己割下股肉才使晋文公不饿死，可晋文公后来不是背叛了他吗？他一怒之下就走了，结果抱着一棵大树被活活烧死了。尾生和女子约会在桥梁下，那女子来了吗？大水来了，他还是相信那女人会来，至死不肯离去，结果呢？他抱着桥梁柱被淹死。这六个人和那些丧家犬、流浪讨饭的有何区别，不都是为了名声而白白地丧失了自己的性命，不懂生命珍贵的糊涂人吗？』

『如今所说的忠臣，没有超过王子比干和伍子胥的。可伍子胥被扔进了江里，比干被挖了心。世人所说的这两个忠臣，难道不正是天下人所嘲笑的对象吗？这样来看，伍子胥和王子比干，都是不值得称道的。』

『你用来劝说我的，如果告诉我一些关于鬼神之事，那我不知道；如果告诉我关于人的事，那就不过这些了，这些都是我曾听说的。现在我告诉你关于人的常情：眼睛想要看到颜色，耳朵想要听到声音，嘴巴想要品尝味道，志气想要充沛。人长寿的年龄是百岁，中寿的是八十岁，短寿的是六十岁，除去疾病、死亡、忧患以外，其中开口大笑的时间，一个月之中不过四五天罢了。天地是无穷无尽的，人的生命是有限的。以有限的形体，而寄托于无穷之境，速度很快就像骐骥奔驰过隙一样。不能愉悦其意志，颐养其寿命的人，都是不能通达大道的。』

『你所说的话，都是我要抛弃的。你快点走开，不要再说了！你的道理都是失性损德、虚伪巧诈的理论，并不能保全人天真的自然本性，哪里值得一谈呢？』

孔子一再拜谢盗跖，就快步走出门，然后急忙上车，马缰绳多次掉落到地上，眼神变得茫然，面色有如死灰，扶着车前的横木，低着头，不能喘气。回到鲁东门外，恰好遇到柳下季。柳下季说：『最近好多天没有看见你，车马有外出刚归的样子，你是不是去见跖了呢？』孔子仰天叹息地说：『是啊。』柳下季说：『跖是不是像先前我说的那样违背你的心意呢？』孔子说：『是的。我就是没有病而引艾叶自灼，跑去撩拨虎头，编理虎须，差点被老虎吃掉啊！』

子张问于满苟得曰：『盍不为行①？无行则不信，不信则不任，不任则不利。故观之名，计之利，而义真是也。若弃名利，反之于心，则夫士之为行，不可一日不为乎！』

满苟得曰：『无耻者富，多信者显。夫名利之大者，几在无耻而信。故观之名，计之利，而信真是也。若弃名利，反之于心，则夫士之为行，抱其天乎！』

子张曰：『昔者桀、纣贵为天子，富有天下，今谓臧聚曰：「汝行如桀、纣。」则有怍色，有不服之心者，小人所贱也。仲尼、墨翟，穷为匹夫，今谓宰相曰：「子行如仲尼、墨翟。」则变容易色，称不足者，士诚贵也。故势为天子，未必贵也；穷为匹夫，未必贱也。贵贱之分，在行之美恶。』

满苟得曰：『小盗者拘，大盗者为诸侯。诸侯之门，义士存焉。昔者桓公小白杀兄入嫂，而管仲为臣，田成子杀君盗国，而孔子受币。论则贱之，行则下之，则是言行之情悖战于胸中也，不亦拂乎！故《书》曰：「孰恶孰美？成者为首，不成者为尾。」』

子张曰：『子不为行，即将疏戚无伦，贵贱无义，长幼无序。五纪六位，将何以为别乎？』

满苟得曰：『尧杀长子，舜流母弟，疏戚有伦乎？汤放桀，武王杀纣，贵贱有义乎？王季为适，周公杀兄，长幼有序乎？儒者伪辞，墨者兼爱，五纪六位，将有别乎？

且子正为名，我正为利。名利之实，不顺于理，不监于道。吾日与子讼于无约曰：「小人殉财，君子殉名。斯所以变其情、易其性，则异矣；乃至于弃其所为而殉其所不为，则一也。」故曰：无为小人，反殉而天；无为君子，从天之理。若枉若直，相而天极。面观四方，与时消息。若是若非，执而圆机。独成而意，与道徘徊。无转而行，无成而义，将失而所为。无赴而富，无殉而成，将弃而天。』

『比干剖心，子胥抉眼，忠之祸也；直躬证父，尾生溺死，信之患也；鲍子立干，申子不自理，廉之害也；仲子不见母，匡子不见父，义之失也。此上世之所传，下世之所语，以为士者，正其言，必其行，故服其殃②，离其患也。』

【注释】

①为行：进行品行修养。

②服其殃：受其祸。

【译文】

子张问满苟得说：『为何不修养品行？没有品行就不会取信于人，不能取信于人就不能被任用，不被任用就得不到功名利禄。因而不管是为了立好名，还是为了得到利益，都只有通过仁义才能真正实现这一切。如果抛弃名利，但求无愧于心，那么士大夫的作为，也不可以一天不实行仁义！』

满苟得说：『无耻之人富有，满口信誉的人显贵。凡是名利大的人，几乎都是无耻而又善于满口仁义的人。因为名利，就会承认那些耻行。如果抛弃名利，但求无愧于心，那么士大夫的作为行事，只有保持其天性了！』

子张说：『过去桀、纣尊贵到做了天子，富及天下。如果现在你对奴仆和更夫说：「你们的行为像桀、纣。」他们就会愤怒变色，对这样的评价就会产生不服的心理，因为小人也轻贱桀、纣，看不起桀、纣。孔丘、墨翟，穷困得和普通老百姓一样，这时你要对一个宰相说：「你的行为像孔丘、墨翟。」他就会立即改容变色，自称赶不上，看起来士大夫真是可贵。所以，即使权势为天子，未必可贵；穷的如一般人，也未必低贱。贵贱的区别在于品行的好坏。』

满苟得说：『小偷被囚禁起来，大盗却可以成为诸侯。一个人一旦发展到了诸侯那里，就有了仁义。从前，齐桓公杀了哥哥并且纳嫂嫂为妻，而管仲却仍然愿意做其臣子；田常杀掉君主窃取国家政权，而孔子却非常愿意接受他的钱财。言谈认为下贱的，而一旦采取行动，却去做这种下贱的事情。这样言论和行动在心中岂不是很乱吗！所以《书》上才说：「谁好谁坏，成功的居上，不成功的居下。」』

子张说：『你不推行合于仁义的德行，就一定在疏远与亲近之间失去人伦关系，在尊贵与卑贱之间失去规范和准则，在长幼之间失去先后序列，这样一来五伦和六位，怎么加以区别呢？』

满苟得说：『尧杀了亲生的长子，舜流放了亲兄弟，亲疏之间还有伦常可言吗？商汤逐放桀，武王杀死纣，贵贱之间还有准则可言吗？王季被立为嫡子，周公杀了两个哥哥，长幼之间还有序列可言吗？儒家伪善的言辞，墨家兼爱的主张，「五纪」和「六位」的序列关系还能有区别吗？』

『而且你心里所想的正为了名，我心里所想的正是为了利。名与利的实情，不合于理，也不明于道。

我昔日跟你在无约面前争论不休：「小人因财而死，君子为名献身。然而他们变换真情、更改本性，原因却没什么不同。而舍弃该做的事而不惜生命地追逐不该追求的东西，那是一样的。」所以说，不要做小人，反过来追求你自己的天性；不要去做君子，而要顺从自然的规律。或曲或直，顺其自然。观察四方，顺应四时变化而消长；或是或非，牢牢掌握循环变化的中枢，独自完成你的心愿，跟随大道进退。不要执着于你的德行，不要成就于你所说的规范。那将会丧失你的本性。不要为了富有而劳苦奔波，不要为了成功而不惜损害身体，那将会舍弃自然的真性。

『比干被剖心，子胥被挖眼，这是忠的祸害；直躬指证父亲偷羊，尾生被水淹死，这是信的祸患；鲍焦抱树而立、干枯而死，申生宁可自缢也不申辩委屈，这是廉的毒害；孔子不能为母送终，匡子发誓不见其父，这是义的过失。这些现象都是上世的传闻，当代的话题，一直认为士大夫必定会让自己的言论变得正直，让自己跟着去做，所以深受灾殃，遭逢如此的祸患。』

无足问于知和曰：『人卒未有不兴名就利者。彼富则人归之，归则下之，下则贵之。夫见下贵①者，所以长生安体乐意之道也。今子独无意焉，知不足邪，意知力不能行邪！故推正不忘邪？』

知和曰：『今夫此人以为与己同时而生，同乡而处者，以为夫绝俗过世之士焉，是专无主正，所以览古今之时，是非之分也，与俗化世，去至重，弃至尊，以为其所为也。此其所以论长生安体乐意之道，不亦远乎！惨怛之疾，恬愉之安，不监于体；怵惕②之恐，欣欢之喜，不监于心。知为为而不知所以为，是以贵为天子，富有天下，而不免于患也。』

无足曰：『夫富贵之人，无所不利，穷美究势，至人之所不得逮，贤人之所不能及，侠人之勇力而以为威强，秉人之知谋以为明察，因人之德以为贤良，非享国而严若君父。且夫声色滋味权势之于人，心不待学而乐之，体不待象而安之。夫欲恶避就，固不待师，此人之性也。天下虽非我，孰能辞之！』

知和曰：『知者之为，故动以百姓，不违其度，是以足而不争，无以为故不求。不足故求之，争四处[3]而不自以为贪；有余故辞之，弃天下而不自以为廉。廉贪之实，非以迫外也，反监之度。势为天子，而不以贵骄人；富有天下，而不以财戏人。计其患，虑其反，以为害于性，故辞而不受也。非以要名誉也。尧、舜为帝而雍，非仁天下也，不以美害生也；善卷、许由得帝而不受，非虚辞让也，不以事害己也。此皆就其利，辞其害。而天下称贤焉，则可以有之，彼非以兴名誉也。』

无足曰：『必持其名，苦体、绝甘、约养以持生，则亦久病长厄而不死者也。』

知和曰：『平为福。有余为害者，物莫不然，而财其甚者也。今富人，耳营钟鼓管籥之声，口嗛于刍豢醪醴之味。以感其意，遗忘其业，可谓乱矣；侅溺于冯气，若负重行而上阪，可谓苦矣；贪财而取慰，贪权而取竭，静居则溺，体泽而冯，可谓疾矣；为欲富就利，故满若堵耳而不知避，且冯而不舍，可谓辱矣；财积而无用，服膺而不舍，满心戚醮，求益而不止，可谓忧矣；内则疑劫请之贼，外则畏寇盗之害，内周楼疏，外不敢独行，可谓畏矣。此六者，天下之至害也，皆遗忘而不知察。及其患至，求尽性竭财，单以反一日之无故而不可得也。故观之名则不见，求之利则不得，缭意[4]绝体而争此，不亦惑乎！』

【注释】

①见下贵：得人服从，被人尊敬。

②怵惕：惊慌的样子。
③四处：指声、色、味、权。
④缭意：缠绕意志，劳苦心思。

【译文】

无足问知和：『没人不想树立名声并且获取利禄。一个人富有了，人们便会依附他，依附他也就自以为卑下，以为卑下就会满脸奉迎。受到卑下者的尊崇，这是人们保持长寿、安康、快乐的办法。现在你没有这方面的欲念吗？是才智不足呢，还是有了念头而力不从心呢？或者是推行正道而一心不忘呢？』

知和说：『现在，如果有这么一个追寻名利的人，就算是跟自己同生同长，而且认为是出类拔萃的人，实际上这样的人内心里根本没有主见，用这样的办法去看待从古到今的历史变迁，只能说是被世俗的社会同化的结果。许多人舍弃宝贵的生命，离开最尊贵的大道，而追求一心想要追求的东西，这就是他们所认为的长寿、安康、快乐的办法，不是跟事理相差太远吗？悲伤带来的痛苦，愉快带来的安适，根本让人难以看清对自己身体的影响；惊慌带来的恐惧，欢欣留下的喜悦，不可能看清

对心灵的影响。只知一心去追求自己想要去追求的事，却不知道为什么要这样去做，所以即使他贵为天子，富裕占有天下，却仍然不能免于忧患。』

无足说：『富贵对人们而言，是无所不利的，它可以让人们享尽天下的美好，拥有天下最大的权势，这些都是道德极高的人得不到的，也是贤达的人不能及的；利用他人的勇敢和力量来显示自己的威强，拿他人的智谋来表露自己的明察，借助他人的德行来充当自己的贤良，虽然这些人没有享有国土，却也像君王一样威严。另外，乐声、美色、滋味、权势对每一个人来说，心里不需要学习就自然喜欢，身体的享受不需要模仿早已习惯。像欲念、厌恶、回避、俯就这些东西，本来就不需要先生来教导，这是人的本性。即使天下人都认为我的看法不正确，可是又有谁能摆脱这一切呢？』

知和说：『有智慧的人做事，会按照百姓的意愿来行动，不敢违背自然形成的原则，因此内心充实而不会与人争夺，无所作为，因而就没有贪求之心。内德不足，因而就会产生贪求外物之心，四处争夺而并不自认为贪婪；内德充实而有余，因而就能心外无物，舍弃天下也不自认为清廉。清廉和贪婪的实质，并不取决于外物的引诱，而要反过来检查自己的本性。权势大到做了天子，却不因为自己高贵而傲视别人；财富多到占有天下，却不拿财物来戏耍别人。估量富贵造成的危害，考虑富贵至极而必反的道理，就认为它有害于自然本性，所以便拒绝而不接受，并不是要用它来钓取名誉。尧、舜做天子时推让帝位，并不是要仁爱天下，而是不想让富贵危害到自然的本性；善卷、许由能够得到帝位却不接受，并不是假心假意地辞让，而是不想因为治理天下而使自己的生命受到危害。他们都是趋近利益、避开祸害的人，而天下人却称他们为贤人，那么天下的贤名就可以自然而然地归到他们身上，但他们并不是有心要去建立自己的名誉。』

无足说：『如果一定要固守名声，苦其形体，弃绝美食，简约给养而维持生命，这就无异于长久病困而不死的人了。』

知和说：『适如性分就是幸福，超出性分则成祸害，事物都是这样，而财物有余的害处就更严重了。现在的富人，耳朵听着钟鼓箫笛一类的乐音，嘴里品尝着肉食美酒的滋味，从而引发了他的意趣，遗忘了他的正当事业，可以说是心志混乱了；沉溺于自负盛气，好像背着沉重的东西行走在山坡上，可以说是太辛苦了；贪求财物而招致怨谤，贪图权势而导致精力疲竭，闲居无事便会沉溺于淫欲，身体肥胖光润则会血气滞塞不通，可以说是产生疾病了；为了贪图富贵而追求财利，所积财物堆得像墙那样高还不知足，并且以此自夸而不舍弃，可以说真是耻辱了；积聚财物而不舍得使用，一心积聚而不停止，唯恐失去钱财而满腹忧戚，却仍想拥有更多的财物，可以说是忧患了；在家中担心有盗贼前来窃走钱财，在外面惧怕寇盗行抢财物，在院内修起严密的防盗设施，出门不敢独自行走，可以说是害怕了。这六者，是天下最大的祸害，人们都遗忘而不知明察。等到祸患一旦降临，想要尽去钱财，过上一天贫穷的生活，都无法做到。所以想看名声却看不见，想求利也得不到，心中念念不忘而不惜牺牲形体去争夺名利，不是太糊涂了吗？』

【品读】

本篇以人物之名为篇名，其中心是抨击儒家思想，指斥儒家观点的虚伪性和欺骗性，主张返归原始，顺其自然。

本篇写了三个寓言故事，自然地分为三大部分。第一部分至『几不免虎口哉』，写盗跖与孔子的对话，孔子规劝盗跖，反被盗跖严加指斥，称为『巧伪』之人。盗跖用大量古往今来的事例，证明儒家圣君、贤士、忠臣的观念都是与事实不相符合的，儒家的主张是行不通的，就连孔子自己也『不容身于天下』，因为他『不耕而食，不织而衣，摇唇鼓舌，擅生是非』。『盗跖』是先秦时代里一位著名的叛逆者，称他为『盗』当然是基于封建统治者的观点，孔子眼里的盗跖就是『横行天下，侵暴诸侯』的、吃人肝的人物，而且兼有『三德』。第一部分是全文的主体部分，因篇幅较长注译时划分为前后两个部分。第二部分至『离其患也』，写子张和满苟得的对话，一个立足于名，一个立足于利，通过其间的辩论更进一步揭示出儒家说教的虚伪性，并且明确提出了『反殉而天』『与道徘徊』的主张，与其追求虚假的仁义，不如『从天之理，顺其自然』。余下为第三部分，写无足和知和的对话，一个尊崇权势与富有，一个反对探求、抨击权贵，通过其间的讨论进一步明确提出『不以美害生』『不以事害己』的主张。

篇中假托盗跖与孔子之间的对话，一方面以一种激进的角度表达了道家绝圣弃智、保身全命的理念；另一方面又以盗亦有道的论说延续了庄子一书的讽世主题，在此文本中的盗跖亦表现出强烈的道家色彩。

说剑

昔赵文王喜剑，剑士夹门而客三千余人，日夜相击于前，死伤者岁百余人，好之不厌。如是三年，国衰，诸侯谋之。太子悝患之，募左右曰：『孰能说王之意止剑士者，赐之千金。』左右曰：『庄子当能。』

太子乃使人以千金奉庄子。庄子不受，与使者俱往，见太子曰：『太子何以教周，赐周千金？』太子曰：『闻夫子明圣，谨奉千金以币从者。夫子不受，悝尚何敢言！』庄子说：『闻太子所欲用周者，欲绝王之喜好也。使臣上说大王而逆王意，下不当太子，则身刑而死，周尚安所事金乎？使臣上说大王，下当太子，赵国何求而不得也！』太子曰：『然。吾王所见，唯剑士也。』庄子曰：『诺。周善为剑。』太子曰：『然吾王所见剑士，皆蓬头突鬓①，垂冠，曼胡之缨，短后之衣，瞋目而语难，王乃说之。今夫子必儒服而见王，事必大逆。』庄子曰：『请治剑服。』治剑服三日，乃见太子。太子乃与见王，王脱白刃待之。

庄子入殿门不趋②，见王不拜。

王曰：『子欲何以教寡人，使太子先？』

曰：『臣闻大王喜剑，故以剑见王。』

王曰：『子之剑何能禁制？』

曰：『臣之剑，十步一人，千里不留行。』

王大悦之，曰：『天下无敌矣！』

庄子曰：『夫为剑者，示之以虚，开之以利，后之以发，先之以至。愿得试之。』

王曰：『夫子休就舍，待命令设戏请夫子。』

王乃校剑士七日，死伤者六十余人，得五六人，使奉剑于殿下，乃召庄子。

王曰：『今日试使士敦剑。』

庄子曰：『望之久矣。』

王曰：『夫子所御杖③。长短何如？』

曰：『臣之所奉皆可。然臣有三剑，唯王所用，请先言而后试。』

王曰：『愿闻三剑。』

曰：『有天子之剑，有诸侯之剑，有庶人之剑。』

王曰：『天子之剑何如？』曰：『天子之剑，以燕谿石城为锋，齐岱为锷，晋卫为脊，周宋为镡，韩魏为夹；包以四夷，裹以四时；绕以渤海，带以常山；制以五行，论以刑德；开以阴阳，持以春夏，行以秋冬。此剑，直之无前，举之无上，案之无下，运之无旁，上决浮云，下绝地纪。此剑一用，匡诸侯，天下服矣。此天子之剑也。』

文王芒然自失，曰：『诸侯之剑何如？』曰：『诸侯之剑，以知勇士为锋，以清廉士为锷，以贤良士为脊，以忠圣士为镡，以豪桀士为夹。此剑，直之亦无前，举之亦无上，案之亦无下，运之亦无旁。上法圆天以顺三光④，下法方地以顺四时，中和民意以安四乡⑤。此剑一用，如雷霆之震也，四封之内，无不宾服而听从君命者矣。此诸侯之剑也。』

王曰：『庶人之剑何如？』曰：『庶人之剑，蓬头突鬓垂冠，曼胡之缨，短后之衣，瞋目而难语。相击于前，上斩颈领，下决肝肺，此庶人之剑，无异于斗鸡，一旦命已绝矣，无所用于国事。今大王有天子之位而好庶人之剑，臣窃为大王薄之。』

王乃牵而上殿。宰人上食，王三环之。庄子曰：『大王安坐定气，剑事已毕奏矣。』于是文王不出宫三月，剑士皆服毙自处也。

【注释】

①蓬头突鬓：头发蓬乱，鬓毛突出。

②趋：快步走。

③所御杖：指所惯用的剑。

④三光：中国古人称日、月、星三种天体为『三光』。

⑤四乡：『乡』通『向』，四乡即四方。

【译文】

首日赵文王喜好剑术，击剑的人蜂拥而至门下，食客达三千余人，在赵文王面前不分昼夜相互比试剑术，死伤的剑客每年都有百余人，而赵文王喜好击剑从来就不曾得到满足。这么过了三年，国力日益衰退，各国诸侯都在打算怎样攻打赵国。太子悝十分担心，征求左右近侍：『谁能够说服赵王停止比试剑术，赠给他千金。』左右近侍说：『只有庄子能够担当胜任。』

太子于是派人携带千金厚礼来找庄子。庄子不接受，跟随使者一道，前往会见太子，说：『太子有什么想说的，赐给我千金的厚礼？』太子说：『听说先生通达贤明，谨此奉上千金用来犒赏从者。先生不愿接受，我哪里还有什么可说的！』庄子说：『听说太子想要让我断绝赵王对剑术的爱好。假如我对赵王游说却违逆了赵王的心意，对下也不能符合太子的意愿。那就一定会遭受刑戮而死，我哪里还用得着这些赠礼呢？假如我能说服赵王，又能合于太子的心愿，在赵国这片土地上我希望得到什么难道还得不到！』太子说：『是这样。父王眼里只有击剑的人。』庄子说：『好的，我也善于使剑。』太子说：『不过父王所见到的击剑人，全都头发蓬乱、髻毛突出、帽子低垂、帽缨粗实、衣服紧身、瞪大眼睛而且气喘语塞，大王喜欢见到这样打扮的人。现在先生若是穿文服去会见赵王，事情一定会搞糟。』庄子说：『那请给我准备剑士的服装。』三天以后剑士的服装便裁制完毕，于是面见太子。太子就跟庄子一道拜见赵王，赵王解下利剑等待庄子。

庄子进入宫殿大门，并不急步上前，见到赵王也不跪拜。

国王说：『你打算用什么来开导我，让太子事先跟我介绍？』

庄子说：『我听说大王喜欢剑术，所以就想借剑术来和大王谈论。』

国王说：『你的剑术靠什么制服对手？』

庄子说：『我的剑术是十步制一人，千里无人能阻挡。』

国王非常高兴，说：『那就天下无敌了。』

庄子说：『善于用剑术的方法，示人以空虚莫测，用起来叫人来不及提防，发动在后，竟先击至。希望试一试。』

国王说：『先生先休息一下，到馆舍中等待命令，待我命他们做好准备，到比赛的时候再请先生。』

于是国王让手下的剑士较量七天，死了六十多人，从中选出五六个人，让他们捧剑站在宫殿下等待，这才召请庄子前来比剑。

国王说：『今天我要请您与剑士对剑。』

庄子说：『期待很久了。』

国王说：『先生所使用的剑，长短怎么样？』

庄子说：『我用什么剑都可以。然而我有三种剑，听凭大王使用，请允许我先谈谈这三种剑，然后再进行比试。』

国王说：『愿意听你讲讲你那三种剑。』

庄子说：『剑有三种，有天子之剑，有诸侯之剑，有庶人之剑。』

庄子说：『天子之剑，是用燕谿的石城山做剑尖，用齐国的泰山做剑刃，用晋国和卫国做剑脊，用周王畿和宋国做剑环，用韩国和魏国做剑柄；用中原以外的四境来包扎，用四季来围裹，用渤海来缠绕，用恒山来做系带；靠五行来驾驭，靠刑律和德教来论断；遵循阴阳变化而知进退，遵循春秋时令而持延，遵循秋冬轮回而运行。这种剑，向前直刺无物可阻挡，高高举起无物在其上，按剑向下所向披靡，挥动起来

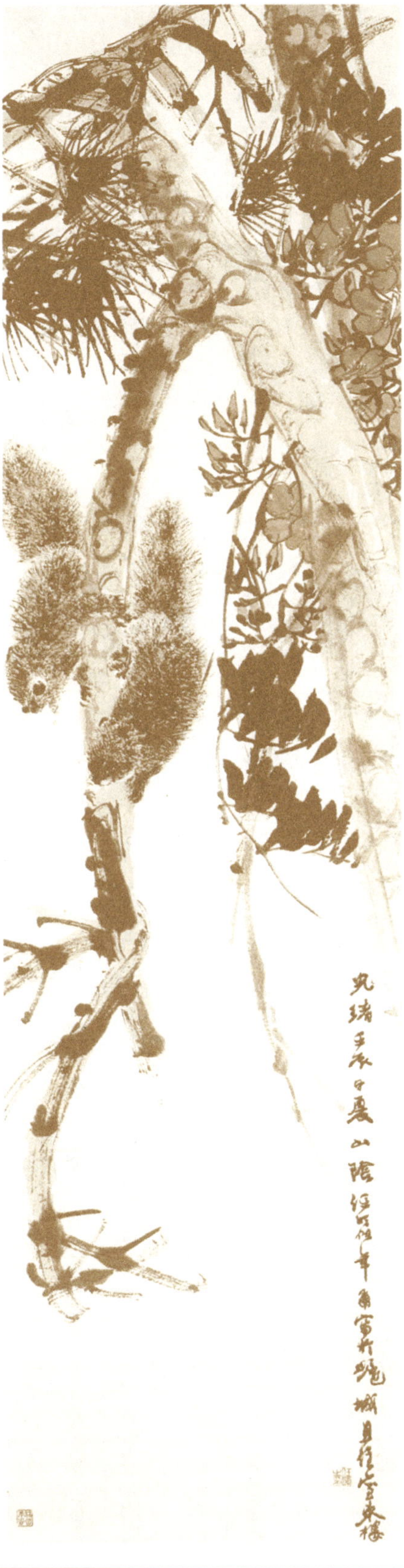

旁若无物，向上割裂浮云，向下斩断地纪。这种剑一旦使用，可以匡正诸侯，使天下人全都归顺。这就是天子之剑。』

赵文王听了茫然若失，说：『诸侯之剑是什么样的？』庄子说：『诸侯之剑，是用智勇之士做剑尖，用清廉之士做剑刃，用贤良之士做剑脊，用忠诚圣明之士做剑环，用豪杰之士做剑柄。这种剑，向前直刺也一无阻挡，高高举起也无物在上，按剑向下也能所向披靡，挥动起来也旁若无物；对上效法于天而顺应日月星辰，对下取法于地而顺应四时序列，居中则顺和民意而安定四方。这种剑一旦使用，就好像雷霆震撼四境之内，没有不归服并且听从国君号令的。这就是诸侯之剑。』

赵王说：『百姓之剑又怎么样呢？』庄子说：『百姓之剑，全都头发蓬乱、鬓毛突出、帽子低垂、帽缨粗实、衣服紧身、瞪大眼睛而且气喘语塞。相互在人前争斗刺杀，上能斩断脖颈，下能剖裂肝肺，这就是百姓之剑，跟斗鸡没有什么区别，一旦命尽气绝，对于国事就没什么用处。如今大王拥有夺取天下的地位却喜欢百姓之剑，我私下认为大王应当鄙薄这种做法。』

赵文王于是牵着庄子来到大殿上。厨师献上食物，赵王围着坐席惭愧地绕了三圈。庄子说：『大王安坐下来定定心神，有关剑术之事我已启奏完毕。』于是赵文王三月没出宫门，剑士们都在自己的住处自刎而死。

【品读】

『说剑』指庄子为赵文王说剑一事。有人说《说剑》为伪书，实不可从。此篇内容并非与庄子思想无关，它的主旨在于说明为政当无事，以无为而治就会得到治理，可说是《应帝王》篇观点的继续。

在『昔赵文王喜剑』一段中，庄子以文王喜剑喻其为之政。在『太子乃使人以千金奉庄子』段中，说明庄周轻物到『千金不受』而愿意去说服赵文王。在『太子乃于见王』段中，以天子剑、诸侯剑、庶人剑喻治政的方法，说天子可以统治诸侯，诸侯可以称霸，但都不是长久的统治方法，而庶人剑也只是一种世俗斗鸡之儿戏，不能达到统治的目的，『大王安坐定气』暗指无为而治就可以达到治理目的了。于是文王三月不出宫，剑士自毙也就无事大吉了。

渔父

孔子游乎缁帷之林，休坐乎杏坛之上。弟子读书，孔子弦歌鼓琴。奏曲未半，有渔父者，下船而来，须眉交白，披发揄袂，行原①以上，距陆而止，左手据膝，右手持颐以听。曲终而招子贡子路，二人俱对。

客指孔子曰：『彼何为者也？』子路对曰：『鲁之君子也。』客问其族。子路对曰：『族孔氏。』客曰：『孔氏者何治也？』子路未应，子贡对曰：『孔氏者，性服忠信，身行仁义，饰礼乐，选人伦，上以忠于世主②，下以化于齐民，将以利天下。此孔氏之所治也。』又问曰：『有土之君与？』子贡曰：『非也。』『侯王之佐与？』子贡曰：『非也。』客乃笑而还行，言曰：『仁则仁矣，恐不免其身。苦心劳形以危其真。呜呼，远哉其分于道也！』

子贡还，报孔子。孔子推琴而起曰：『其圣人与！』乃下求之，至于泽畔，方将杖拏而引其船，顾见孔子，还乡而立。孔子反走，再拜而进。

客曰：『子将何求？』

孔子曰：『曩者先生有绪言而去，丘不肖，未知何谓，窃待于下风，幸闻咳唾[3]之音，以卒相丘也。』

客曰：『嘻！甚矣，子之好学也！』

孔子再拜而起曰：『丘少而修学，以至于今，六十九岁矣，无所得闻至教，敢不虚心！』

客曰：『同类相从，同声相应，固天之理也。吾请释吾之所有，而经子之所以。子之所以者，人事也。天子、诸侯、大夫、庶人，此四者自正，治之美也；四者离位，而乱莫大焉。官治其职，人忧其事，乃无所陵。故田荒室露，衣食不足，征赋不属，妻妾不和，少长无序，庶人之忧也；能不胜任，官事不治，行不清白，群下荒怠，功美不有，爵禄不持，大夫之忧也；廷无忠臣，国家昏乱，工技不巧，贡职不美，春秋后伦，不顺天子，诸侯之忧也；阴阳不和，寒暑不时，以伤庶物，诸侯暴乱，擅相攘伐，以残人民，礼乐不节，财物穷匮，人伦不饬，百姓淫乱，天子之忧也。今子既上无君侯有司之势，下无大臣职事之官，而擅饰礼乐，选人伦，以化齐民，不泰多事乎！』

『且人有八疵，事有四患，不可不察也。非其事而事之，谓之总；莫之顾而进之，谓之佞；希意道言，谓之谄；不择是非而言，谓之谀；好言人之恶，谓之谗；析交离亲，谓之贼；称誉诈伪以败恶人，谓之慝；不择善否，两容颊适，偷拔其所欲，谓之险。此八疵者，外以乱人，内以伤身，君子不友，明君不臣。所谓四患者，好经大事，变更易常，以挂功名[4]，谓之叨；专知擅事，侵人自用，谓之贪；见过不更，闻谏愈甚，谓之很；人同于己则可，不同于己，虽善不善，谓之矜。已四患也。能去八疵，无行四患，而始可教也。』

孔子愀然[5]而叹，再拜而起曰：『丘再逐于鲁，削迹于卫，伐树于宋，围于陈蔡。丘不知所失，而离此四谤者何也？』

客凄然变容曰：『甚矣，子之难悟也！人有畏影恶迹而去之走者，举足愈数而迹愈多，走愈疾而影不离身，自以为尚迟，疾走不休，绝力而死。不知处阴以休影，处静以息迹，愚亦甚矣！子审仁义之间，察异同之际，观动静之变，适受与之度，理好恶之情，和喜怒之节，而几于不免矣。谨修而身，慎守其真，还以物与人，则无所累矣。今不修之身而求之人，不亦外乎！』

【注释】

①行原：水边的平原。

②世主：当世的君主。

③咳唾：比喻谈吐，议论。

④挂功名：沽名钓誉。

⑤愀然：形容神色变得严肃或不愉快的样子。

【译文】

孔子到缁帷林中游玩，坐在杏坛上休息。弟子们在一旁读书，孔子则弹琴唱歌。弹琴奏曲不到一半，有位老渔翁从船上而来，须眉已经全白了，披头散发，甩着袖子，从水边的平地向上走，走到高的地方停下身来，左手捂着膝盖，右手撑着面颊，听孔子弹琴。曲子奏完，便呼唤子贡子路二人都来酬对。

渔翁指着孔子，问道：『他是做什么的？』子路回答：『鲁国的君子。』渔翁问其姓氏。子路回答说：『姓孔氏。』渔翁说：『姓孔的从事什么职业？』子路没有回答，子贡回答：『孔氏这个人，恪守忠信，亲自践履仁义，撰饰礼仪诗歌，制定道德规范，对上效忠于当代的君主，对下致力于教化平民百姓，想要用这种方式为天下人谋利益。这就是孔氏所从事的事业。』又问：『是有领土的君主吗？』子贡说：『不是。』『是哪个诸侯的辅佐大臣吗？』子贡说：『不是。』渔翁笑着往回走，一边走一边自言自语道：『仁也就算是仁了，恐怕难免让自身受累；用心良苦而操劳形体，来危害他的本性。唉！他离道太远了！』

子贡回来，把渔父的话告诉了孔子。孔子放下琴，站起身，说：『这渔父是位圣人吧！』于是走下杏坛去寻找渔父。走到水边，却见渔父正在持篙撑船，回头看到孔子，于是就转过身来站着。孔子往后退走，又一拜再拜向前靠近。

渔父说：『你有什么事相求呢？』

孔子说：『刚才先生的话没说完就离开了，恕我愚昧，不能明白其中的道理，就在此等候，希望能有幸能听到先生的教诲，以便最终能对我有所帮助。』

渔父说：『唉！你真是非常好学啊！』

孔子一拜再拜，然后站起来说：『我从小立志求学，直至现在，已经六十九岁了，还没听到过至理，怎敢不虚心求教呢？』

渔父说：『同类相依从，同声相应和，这原本是自然的常理。

请让我用我自己所悟得的道理来分析你的行为吧。你所做的是人事。天子、诸侯、大夫、百姓，这四种人如果各守职分，则是治理社会的理想境界；如果离开职守，祸乱就再大不过分了。官吏各守其职，人民各虑其事，就不会发生动乱了。田地荒芜，房屋破漏，衣食不足，赋税不能按时交纳，妻妾不和睦相处，长幼无序，这些是百姓所忧虑的事情；才能不能胜任职守，本职事务不能妥善处理，行为不清廉，下属荒忽怠惰，对国家和人民没有功劳和益处，不能保持爵禄，这些是大夫所忧虑的；朝廷没有忠臣，国家混乱，工艺技术不精巧，进贡的物品不华美，春秋朝拜天子时礼无伦次，不顺服天子，这些是诸侯所忧虑的；阴阳之气不和，寒暑不依时令到来，万物遭受伤害，诸侯暴乱，相互攻杀，残害人民，礼乐不合节度，财用缺乏，人伦关系不能得到整顿，百姓淫乱，这些是天子和主管官吏所忧虑的。现在你既无君主诸侯和主管官吏的权势，又无大臣掌管事务的官职，却擅自修饰礼乐，规定人伦关系，用来教化平民，难道不是太多事了吗？』

『况且人都有八种毛病，事有四种祸患，不可不明察。并非自己分内的事而去做就一定叫作管事太多；人家不理睬而去强行进忠言，叫作巧佞；通过揣度别人的心意而说出一些迎合的话语，叫作谄媚；不分是非而乱说，叫作阿谀；好说别人的坏话，叫作谗言；离间亲友之间的感情，叫作贼害；奸诈虚伪败坏别人，叫作邪恶；不辨善恶，用两种面孔投合他人，暗中助长私欲，叫作阴险。这八种毛病，对外扰乱别人，对内伤害自身，君子不和这种人交朋友，明君不用这种人做大臣。所谓四种祸患：好管大事，变更常规，一心想取功名，叫作叨贪；独断专行，凌驾于人上自以为是，叫作贪夺；有错不改，越听劝谏越甚，叫作执拗；人附和于自己的意见则肯定，人不附和于自己的意见则否定，叫作自矜。这就是四种祸患。能够除去八种毛病，不行四种祸患，才可以教育。』

孔子悲伤地长声叹息，再次行了大礼说：『我在鲁国两次受到冷遇，在卫国被铲掉所有的足迹，在宋国遭受砍掉坐荫之树的羞辱，又被围困在陈国、蔡国两国之间。我不知道我有什么过失，遭到这样四次诋毁是何原因？』

渔父悲悯地动容道：『你实在是难于醒悟啊！有人害怕自己的身影、厌恶自己的足迹，想要逃离，举步越频繁足迹就越多，跑得越来越快而影子却总不离身，自以为还跑得慢，于是快速奔跑而不停歇，终于力竭而死。不懂得停留在阴暗处影子就会自然消失，停留在静止状态足迹就会不复存在，这也实在是太愚蠢了！你仔细推究仁义的道理，考察事物的区别，观察动静的变化，掌握取舍的分寸，疏通好恶的情感，调和喜怒的节度，却几乎不能免于灾祸。认真修习你的身心，谨慎地保持你的真性，把身外之物还与别人，那么也就没有什么拘谨和累赘了。现在你不修养自身反而要求他人，这不是本末颠倒了吗？』

孔子愀然曰：『请问何谓真？』

客曰：『真者，精诚之至也。不精不诚，不能动人。故强哭者虽悲不哀，强怒者虽严不威，强亲者虽笑不和。真悲无声而哀，真怒未发而威，真亲未笑而和。真在内者，神动于外，是所以贵真也。其用于人理也，事亲则慈孝，事君则忠贞，饮酒则欢乐，处丧则悲哀。忠贞以功为主，饮酒以乐为主，处丧以哀为主，事亲以适[1]为主，功成之美，无一其迹矣；事亲以适，不论所以矣；饮酒以乐，不选其具矣，处丧以哀，无问其礼矣。礼者，世俗之所为也；真者，所以受于天也，自然不可易也。故圣人法天贵真，不拘于俗。愚者反此。不能法天而恤于人，不知贵真，禄禄[2]而受变于俗，故不足。惜哉，子之蚤湛于伪而晚闻大道也。』

孔子再拜而起曰：『今者丘得遇也，若天幸然。先生不羞而比之服役，而身教之。敢问舍所在，请因受业而卒学大道。』

客曰：『吾闻之，可与往者与之，至于妙道；不可与往者，不知其道，慎勿与之，身乃无咎。子勉之！吾去子矣，吾去子矣！』乃刺船[3]而去，延缘苇间。

颜渊还车，子路授绥[4]，孔子不顾，待水波定，不闻拏音而后敢乘。

子路旁车而问曰：『由得为役久矣，未见夫子遇人如此其威也。万乘之主，千乘之君，见夫子未尝不分庭伉礼，夫子犹有倨傲之容。今渔父杖拏逆立，而夫子曲要磬折，言拜而应，得无太甚乎？门人皆怪夫子矣，渔人何以得此乎？』

孔子伏轼而叹曰：『甚矣由之难化也！湛于礼义有间矣，而朴鄙之心至今未去。进，吾语汝：夫遇长不敬，失礼也；见贤不尊，不仁也。彼非至人，不能下人，下人不精，不得其真，故长伤身。惜哉！不仁之于人也，祸莫大焉，而由独擅之。且道者，万物之所由也，庶物失之者死，得之者生，为事逆之则败，顺之则成。故道之所在，圣人尊之。今渔父之于道，可谓有矣，吾敢不敬乎！』

【注释】

①适：顺。即顺合父母之意。

②禄禄：通『逯逯』，凡庸的样子。

③刺船：撑船。

④授绥：将上车时用的拉绳交给孔子。

【译文】

孔子凄凉地说：『请问，什么叫作真呢？』

渔翁说：『真就是精诚的极点。不精不诚，就不足以感动人。所以，勉强哭泣的人虽悲痛却不哀伤，勉强发怒的人虽严厉却不威严，勉强亲热的人虽发笑却不和蔼。真正的悲痛没有发生声音而哀伤，真正的愤怒没有发作而显出威严，真正的亲热没有笑容而变得和蔼。真性情是在内心深处的，流露于外的只是人的一种表情，这就是之所以重视真诚的道理。把这种道理运用于人伦关系，侍奉父母就孝顺，侍奉君主就忠诚，喝起酒来就欢乐，守丧自然就悲哀。忠诚以功名为主，饮酒以欢乐为主，守丧以悲哀为主，侍亲以顺爽为主。功成名就的完美，并不是只有一种途径。侍奉父母是为了使他们觉得舒顺安适，不要管别人采用的什么方法；喝酒是为了欢乐，并不在于讲究使用什么样的酒具；守丧是为了宣泄对亲人的哀痛，不需要讲究什么礼仪。礼仪是世俗所做的事，人的真性情是秉受于天的，自然是无法改变的。所以，圣人效法天道而尊重真性情，不会拘泥于世俗。愚蠢的人与此相反。不能够效法天道却去体验人事，不懂得尊重真性情，而只是忙忙碌碌地跟着世俗的时髦变个不停，所以总是不知满足。真是可惜啊！你过早地沉溺于世俗的礼乐之中不可自拔，听到大道太晚了！』

孔子再一次叩拜而起说：『现在我有机会遇到先生，真是天大的幸运。多谢先生不嫌弃，劳驾您半天亲自教诲弟子。请问您住在哪里，我好常去听您教诲而完成对于大道的认识。』

渔翁说：『我听说，可以一同前去的，便会跟他一同到达那玄妙的大道所在；不能一同前去的，不会真正懂得大道，于是就要小心谨慎地不要与他们交往，这样自身也就不会招来祸害。你自勉吧！我必须要离开你了！我得离开你了！』于是撑船离开孔子，沿着芦苇间的水路缓缓而去。

颜渊掉转车头，子路则把拉着上车的绳索递给孔子，孔子却视而不见。待船尾荡起的水波平定，听不到划桨的声音，他才登上车子。

子路依傍着车子问道：『我侍奉先生已经这么久了，从未看见先生对人这么敬重过。无论是万乘的君主，还是千乘的诸侯，见到先生向来都是平等相待，而先生还不免流露出傲慢的神色。如今这渔翁手拿船桨站在对面，先生却像磬石一样弯腰鞠躬，对话总是先行礼而后回答，是不是太过分了呢！弟子们都认为先生的态度不同于以往，一个打鱼的人怎么会值得您如此敬重呢？』

孔子俯身靠在横木上，叹息着说：『你实在是难于教化啊！你接受礼义的熏陶已经有段时间了，可是粗野鄙陋的心态至今还未能去掉。你上前来一点，我告诉你！遇到长者如果不恭敬，就是失礼；见到贤人不尊重，就是不仁。倘若他不是一个道德修养臻于完善的人，也就不能使人觉得自己谦卑低下，对人谦恭卑下却不真心实意，就不能保持本真，所以才常常伤害自身。真是可惜啊！用不仁对待人，再没有比这更大的祸害了，而你却偏偏就有这一毛病。况且，大道是万物产生的根源，万物失去了它就会灭亡，获得了它便会生存。做事违逆它就会失败，顺应它就会成功，所以大道所在之处，圣人就会尊崇。今天渔翁对于大道，可以说是已经有所体悟，我岂敢不尊敬他啊！』

【品读】

本篇通过『渔父』对孔子的批评，指斥儒家的思想，并借此阐述了『持守其真』、还归自然的主张。

全文写了孔子见到渔父以及和渔父对话的全过程。首先是渔父跟孔子的弟子子路、子贡谈话，批评孔子『性服忠信、身形仁义』『饰礼乐、选人伦』，都是『苦心劳形以危其真』。接着写孔子见到渔父，受到渔父的直接批评，指出他不在其位而谋其政，乃是『八疵』『四患』的行为，应该各安其位，才是最好的治理。接下去又进一步写渔父向孔子提出『真』，所谓真，就是『受于天』，主张『法天』『贵真』『不拘于俗』。最后写孔子对渔父的谦恭和崇敬的心情。

本篇历来也多有争议，认为是伪作，但本篇的思想跟庄子一贯的主张还是有相通之处，对儒家的指责不如《胠箧》《盗跖》那么直接、激烈，守真和受于天的思想也与内篇的观点相一致，而且渔父本身就是一隐道者的形象，因而仍应看作是庄派学说的后学之作。

列御寇

列御寇之齐，中道而反，遇伯昏瞀人。

伯昏瞀人曰：『奚方而反[①]？』

曰：『吾惊焉。』

曰：『恶乎惊？』

曰：『吾尝食于十浆，而五浆先馈。』

伯昏瞀人曰：『若是，则汝何为惊已？』

曰：『夫内诚不解，形谍成光，以外镇人心，使人轻乎贵老，而赍其所患。夫浆人特为食羹之货，无

光绪甲辰季春中浣
御筆

多余之赢，其为利也薄，其为权也轻，而犹若是，而况于万乘之主乎！身劳于国而知尽于事，彼将任我以事而效我以功，吾是以惊。』

伯昏瞀人曰：『善哉观乎！汝处己，人将保汝矣！』

无几何而往，则户外之屦满矣。伯昏瞀人北面而立，敦杖蹙之乎颐，立有间，不言而出。宾者以告列子，列子提屦，跣而走，暨乎门，曰：『先生既来，曾不发药乎？』

曰：『已矣，吾固告汝曰：人将保汝，果保汝矣。非汝能使人保汝，而汝不能使人无保汝也，而焉用之感豫出异也！必且有感摇而本性，又无谓也。与汝游者又莫汝告也，彼所小言，尽人毒也；莫觉莫悟，何相孰也②！巧者劳而知者忧，无能者无所求。饱食而敖游，汎若不系之舟，虚而敖游者也。』

郑人缓也，呻吟裘氏之地。祇③三年而缓为儒，河润九里，泽及三族，使其弟墨。儒墨相与辩，其父助墨。十年而缓自杀。其父梦之曰：『使而子为墨者，予也。阖胡尝视其良，既为秋柏之实矣？』

夫造物者之报人也，不报其人而报其人之天。彼故使彼。夫人以己为有异于人，以贱其亲，齐人之井饮者相捽也。故曰今之世皆缓也。自是，有德者以不知也，而况有道者乎！古者谓之遁天之刑。

圣人安其所安，不安其所不安；众人安其所不安，不安其所安。

庄子曰：『知道易，勿言难。知而不言，所以之天④也；知而言之，所以之人也。古之人，天而不人。』

朱泙漫学屠龙于支离益，单⑤千金之家，三年技成而无所用其巧。

圣人以必不必，故无兵；众人以不必必之，故多兵。顺于兵，故行有求。兵，恃之则亡。

小夫之知，不离苞苴竿牍敝精神乎蹇浅，而欲兼济道物，太一形虚。若是者，迷惑于宇宙，形累不知太初。彼至人者，归精神乎无始，而甘冥乎无何有之乡。水流乎无形，发泄乎太清。悲哉乎！汝为知在毫毛，而不知太宁。

【注释】

①奚方而反：因何故回来。

②何相孰也：怎能相亲爱。

③祇：刚好。

④之天：达到天然的境界。

⑤单：『殚』的假借字，穷尽的意思。

【译文】

列御寇去齐国，中途又返回来了，遇到伯昏瞀人。

伯昏瞀人说：『为什么刚去就回来了呢？』

列御寇说：『我很惶恐不安。』

伯昏瞀人说：『为什么惶恐呢？』

列御寇说：『我曾在十家卖浆的铺子里饮浆，有五家白白送浆子给我喝。』

伯昏瞀人说：『既然如此，你为什么感到惶恐呢？』

列御寇说：『内心真诚而有症结不化，由外表流露出来形成光彩，以这样的外貌才能镇服人心，使人对我的尊重超过了王权贵族和老人，从而招致祸患。卖浆人只是做些小买卖，赢利甚少，所得权势也轻微，

还要如此，何况是万乘之军的君主呢！君主身躯操劳于国事而智慧耗尽于政事，他将委任我以政事而要我达成预期的效果，因此我感到惶恐不安。』

伯昏瞀人说：『你观察得非常好呀！你在家等着吧，人们会归顺你了！』

没过几天伯昏瞀人又到列子的住处，门外的鞋摆满了。伯昏瞀人面向北站着，手杖顿地拄着他的面颊，站了一会儿，没说话就走了。接待宾客的人告诉列子，列子提着鞋，光着脚走到门口，说：『先生既然来了，却不说点药石之言吗？』

伯昏瞀人回答说：『算了吧，我本来告诉你说：人们要归附你。人们果然归附你了！不是因为你能使人归附你，而是由于你不能使人不归附你，你何必因为这种事感到愉快而显出与众不同呢？一定要使人们感动，就会动摇你的本性，这又是无所谓的事。与你一起交际的人又不告诉你，他们所谈论的琐碎的言论都是害人的。不互相提高觉悟，又怎能互相成熟呢！有技巧的人操劳而拥有智慧的人忧虑，无所能而能的人没什么追求，吃饱饭不受外物的拘束而任意遨游，飘飘然像是没有拴住的船只，这才是内心空虚而遨游四海的人。』

郑国有个名叫缓的人在裘氏地方诵读诗文，只用了三年就成了儒生，他的恩惠遍及三族，像河水滋润沿岸的土地一样润泽着广阔的地方，他又让他的弟弟学习墨家学说。儒墨两家相互论辩，缓的父亲则站在墨家一边。过了十年，缓气不过而自杀。他的父亲梦见他，对他说：『让你的儿子成为墨家的，是我啊。可你什么时候来看过我的坟墓呢？我坟墓上的楸柏树已经结出果实了！』

大凡造物者造就人，不是造就其人为的一面，而是造就其自然天性的一面。缓的弟弟具备了墨家的禀赋因而能为墨家学人。这个缓自以为有与众不同的表现，才如此轻视他的父亲，这就跟齐人自认为挖井有了功劳而与饮水的人抓扯扭打一样。所以说现在世上之人差不多都是像缓这样的人。自以为是，在有德的人看来已经是很不明智了，何况是有道的人呢！古人认为像缓这样贪天之功以为己有的行为违背了自然的规律，就要遭到违背自然之道的惩罚。

圣哲安于自然，却不安于人为；普通人习惯于人为，却不安于自然。

庄子说：『了解道容易，不去谈论却非常困难。了解了道却不妄加评论，这是通向自然之道的方法；了解了道却又去评说，这是通向人为的途径。古时候的人，崇尚自然却不追求人为。』

朱泙漫向支离益学习屠龙的本领，耗尽了千金的家财，三年后学成本领却没有什么机会可以施展。

对必然的事物圣人不和别人持拗固执，所以圣人总是没有纷争；普通人把偶然的东西当作必然，所以普通人总是争论不休。屈从于纷争，原因在于他的一举一动都是有目的的。依仗纷争的人到头来只会自取灭亡。

世俗人的心智，离不开赠给和酬答，把精力和心神耗费在浅薄的事情上，还一心想救济天下、疏导万物，满怀信心地认为这么做就能够达到混沌初开、物我相融的崇高境界。这样的人，早就被宇宙中的形体所迷惑，身形劳苦却不懂得混沌初始的真谛。那些道德修养极高的人，他们让精神归向鸿蒙初开的原始境界，甘愿沉溺于没有有形事物的世界里。像流水一样，顺应无形，顺应自然地在清虚空寂的境域里流淌。真是可悲啊！世俗的人反而把心思用在不起眼小事上，却不懂得宁静、自然和无为的境界。

宋人有曹商者，为宋王使秦。其往也，得车数乘。王说之，益车百乘。反于宋，见庄子曰：『夫处穷间厄巷，困窘织屦，槁项黄馘①者，商之所短也；一悟万乘之主而从车百乘者，商之所长也。』庄子曰：『秦王有病召医，破痈溃痤者得车一乘，舐痔者得车五乘，所治愈下，得车愈多。子岂治其痔邪，何得车之多也？子行矣！』

鲁哀公问乎颜阖曰：『吾以仲尼为贞幹，国其有瘳乎？』曰：『殆哉圾乎！仲尼方且饰羽而画，从事华辞，以支为旨，忍性②以视民而不知不信，受乎心，宰乎神，夫何足以上民！彼宜女与？予颐与？误而可矣。今使民离实学伪，非所以视民也。为后世虑，不若休之。难治也。施于人而不忘，非天布也，商贾不齿。虽以事齿之，神者弗齿。为外刑者，金与木也；为内刑者，动与过也。宵人之离外刑者，金木讯之；离内刑者，阴阳食之。夫免乎外内之刑者，唯真人能之。』

孔子曰：『凡人心险于山川，难于知天。天犹有春夏秋冬旦暮之期，人者厚貌深情。故有貌愿而益，有长若不肖，有顺懁而达，有坚而缦，有缓而钎。故其就义若渴，其去义若热。故君子远使之而观其忠，近使之而观其敬，烦使之而观其能，卒然问焉而观其知，急与之期而观其信，委之以财而观其仁，告之以危而观其节，醉之以酒而观其侧，杂之以处而观其色。九征至，不肖人[3]得矣。』

【注释】

①槁项黄馘：脖子枯槁，面色蜡黄。

②忍性：矫饰情性。

③不肖人：指内外终始不如一的人。

【译文】

宋国有个叫曹商的人，替宋王出使秦国。他前往秦国时，得到宋王赠予的数辆车子。秦王十分高兴，又加赐给他车辆一百乘。曹商回到宋国，见了庄子说：『身处偏僻狭窄的小巷，贫

困到自己编织麻鞋，脖颈干瘪面色饥黄，这是我不如别人的地方；一旦有机会使得大国的国君省悟而随从的车辆达到百乘之多，这又是我超过别人之处。』

庄子说：『听说秦王有病时召请属下的大夫，破出脓疮溃散疖子的人可获得一乘车辆，舔舐痔疮的人可获得五乘车辆，凡是疗治的部位越是低下，所能获得的车辆就越多。你难道给秦王舔过痔疮吗？怎么能获得如此多的车辆呢？你走开吧！』

鲁哀公问颜阖：『我想把仲尼任命为大臣，你觉得国家有希望了吧？』

颜阖说：『危险了，就是危险了！仲尼只会追求表面上的修饰，热衷于华而不实的文辞，把事情的枝节看作是要旨，矫饰自己的本性来夸示于民众，却不知道自己全无一点诚信。让这样的行为禀受于内心，并主宰着其精神，怎么能够管理好人民呢？这如果仅仅是适用于你或适用于我个人的颐养，错也就错了。而现在是让全国人民背离真情来学习伪诈，这不是用来导引民众的好办法，不是为后世子孙着想，不如早早放弃这个打算。孔丘是很难治理好国家的。施予别人恩惠却总念念不忘，这不是出于自然的布施。这种行为连商人都瞧不起。即使有什么事情必须与他交往，从内心而言也是瞧不起的。惩罚人的身体，是用金属和木头作的刑具。摧残人的内心，是烦躁不安和自我谴责的情绪。小人的肉体受惩罚，是金属和木头作的刑具来拷问的结果；使内心受摧残，则是阴阳二气侵蚀的结果。能使自己免受肉体和精神摧残的，只有真人才可以做到。』

孔子说：『人心比山川还要险恶，比预测天象还要有难度；自然界尚有春夏秋冬和早晚变化的周期，可是人却复杂多变深藏情感。有的人貌似老实忠厚却内心骄溢，有的人貌似长者却心术不正，有的人外表拘谨内心焦躁却通达事理，有的人外表坚毅却懈怠涣散，有的人表面舒缓而内心却很强大。所以人们追求仁义犹如口干思泉，而他们抛弃仁义也像是逃离炽热避开烈焰。所以君子总是让人远离自己任职而观其是否忠诚，让人就近办事而观其是否恭敬，让人处理纷杂事务观其是否有能力，对人突然提问观其是否有心智，交给期限紧迫的任务观其是否守信用，把财物托付给他们观察是否清廉，把危难告诉给他们观察是否持守节操，用醉酒的方式观他们的仪态，用男女杂处的办法观其对待女色的态度。上述九种表现一一得到验证，不好的人也就自然挑捡出来。』

正考父一命而伛，再命而偻，三命而俯，循墙而走，孰敢不轨！如而夫①者，一命而吕钜，再命而于车上儛，三命而名诸父，孰协唐许！

贼莫大乎德有心而心有睫，及其有睫也而内视，内视而败矣。凶德有五，中德为首。何谓中德？中德也者，有以自好也而吡其所不为者也。

穷有八极，达有三必，形有六府。美、髯、长、大、壮、丽、勇、敢，八者俱过人也，因以是穷。缘循、偃佒、困畏不若人②，三者俱通达。知慧外通，勇动多怨，仁义多责。达生之情者傀，达于知者肖，达大命者随，达小命者遭。

人有见宋王者。锡车十乘，以其十乘骄稚庄子。庄子曰：『河上有家贫恃纬萧而食者，其子没于渊，得千金之珠。其父谓其子曰：「取石来锻之！夫千金之珠，必在九重之渊而骊龙颔下，子能得其珠者，必遭其睡也。使骊龙而寤，子尚奚微之有哉！」今宋国之深③，非直九重之渊也；宋王之猛，非直骊龙也。子能得车者，必遭其睡也。使宋王而寤，子为赍粉夫！』

或聘于庄子。庄子应其使曰：『子见夫牺牛乎？衣以文绣，食以刍叔，及其牵而入于太庙，虽欲为孤犊，其可得乎？』

庄子将死，弟子欲厚葬之。庄子曰：『吾以天地为棺椁，以日月为连璧，星辰为珠玑，万物为赍送④。吾葬具岂不备邪！何以加此！』弟子曰：『吾恐乌鸢之食夫子也。』庄子曰：『在上为乌鸢食，在下为蝼蚁食，夺彼与此，何其偏也！』

以不平平，其平也不平；以不徵徵，其徵也不征。明者唯为之使，神者徵之。夫明之不胜神也久矣，而愚者恃其所见，入于人，其功外也，不亦悲乎？

【注释】

①而夫：即凡夫。

②困畏不若人：指与人谦下无争。

③宋国之深：宋国的险恶。

④赍送：持物以送葬，这里指送葬品。

【译文】

正考父一命为士就曲着背，再命为大夫便躬着腰，三命为

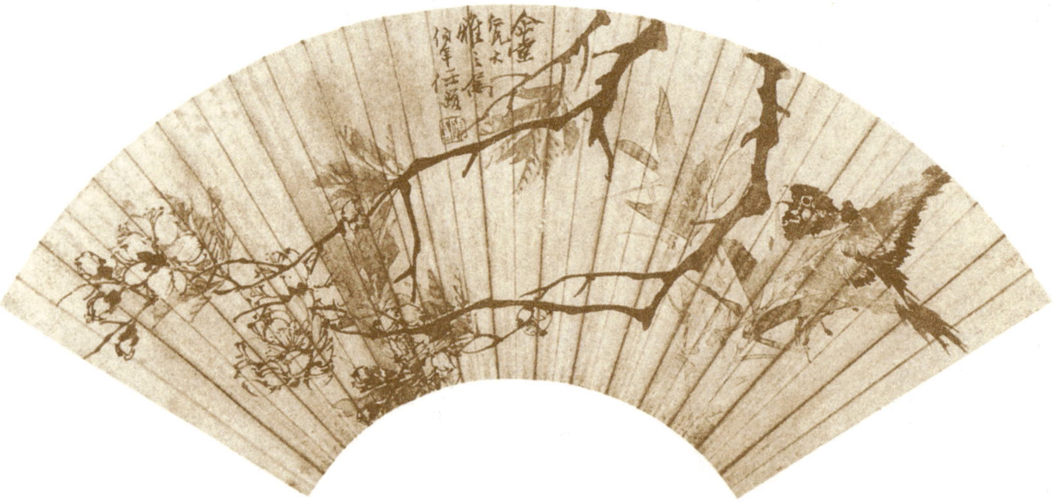

卿便俯下身子，让开大道顺着墙根急步向前走，像这样谁还敢做不轨的事情？如果是凡夫俗子，一命为士就会变得傲慢矜持，再命为大夫就会在车上高兴地手舞足蹈，三命为卿就要称呼叔伯的名号了，如果这样，谁还会同唐尧、许由一样谦让呢？

最大的祸害莫过于故意培养德行而且有心机，等到有了心机就会主观臆断，而主观臆断必定导致失败。招惹凶祸的器官有心、耳、眼、舌、鼻五种，内心的谋虑则是祸害之首。什么是内心谋虑的祸害呢？所谓内心谋虑的祸害，是指自认为是而诋毁自己所不赞成的事情。

困顿窘迫源于八个方面的自恃与矜持，顺利通达基于三种情况的必然发展，就像身体必具六个脏腑一样。貌美、须长、高大、魁梧、健壮、艳丽、勇武、果敢，八项长处远远胜过他人，依此傲人必然导致困厄窘迫。因循顺应、俯仰随人、困厄怯弱而又态度谦逊，三种情况都能使得遇事通达。自认为聪明便炫耀于外，勇猛躁动必多怨恨，倡导仁义必多责难。通晓生命实情的人心胸开阔，通晓真知的人内心宽广豁达，通晓长寿之道的人知晓顺应自然，通晓寿命短暂之理的人也能随遇而安。

有人拜见过宋王，宋王赏赐了他十乘车马，于是他驾着这些赏赐的车马，到庄子的面前炫耀。庄子说：『河上有一户人家靠编织苇席为生。有一次，他的儿子潜入深水的底部，得到一枚宝珠，这枚宝珠价值千金，但父亲对儿子说：「拿石块来把这颗宝珠砸坏吧！价值千金的宝珠，肯定是出自于深潭底的黑龙的下巴里面，你轻易地就获得了宝珠，一定是正好是黑龙睡着了。如果黑龙突然醒来，你还能活着吗？」现在宋国的险恶，远远超过潭底，而宋王的凶残也远远超过那条黑龙。你可以从宋王那里得到十乘车马，也一定是正好遇到宋王睡着了。如果宋王醒过来，你一定会粉身碎骨。』

有个人行聘于庄子。庄子对他的使者说：『你看见过那即将用作祭祀的牛吗？它披着织有花纹的锦绣，喂给它上等的草料和豆子，等到牵到太庙杀掉用来祭祀，那时即使想做个没人看顾的小牛，也不可能啊！』

庄子眼看不行了，弟子们想厚葬。庄子却对弟子们说：『我把天地当棺椁，把日月当连璧，把星辰当珠玑，万物都是葬品。这还不够吗？哪里用得着再加上这些东西！』弟子说：『我们担忧乌鸦和老鹰啄食先生的遗体。』庄子说：『不埋入土将会被乌鸦和老鹰吃掉，深埋地下则会被蚂蚁吃掉，夺过乌鸦老鹰的吃食再交给蚂蚁，这不是偏心吗？』

用偏见去追求平均，这绝非自然的平均；用人为的感应去应验外物，这样的应验绝非自然的感应。自以为明智的人只会被外物所驱使，忘我的人才会自然地感应。自以为明智的人早就比不上忘我的人，可是愚昧的人还总是自恃偏见而沉溺于世俗和人事，他们的所做所为只在于追求身外之物，这很可悲啊！

【品读】

全篇由许多小故事夹着议论组合而成。内容很杂，其间也无内在联系，不过从主要段落看，主要是阐述忘我的思想，人生在世不应炫耀于外，不应求仕求禄，不应追求智巧，不应贪功图报。

全文大体分为五个部分，第一部分至『虚而敖游者也』，通过伯昏瞀人与列御寇的对话，告诫人们不要显迹于外。人们之所以不能忘我，是因为他们始终不能忘外，『无能者无所求』，无所求的人才能虚己而遨游。第二部分至『而不知大宁』，通过对贪天之功以为己有的人的批评，对照朱泙漫学习屠龙技成而无所用，教导人们要顺应天成，不要追求人为，要像水流一样『无形』，而且让精神归于『无始』。第三部分至『唯真人能之』，嘲讽了势利的曹商，批评了矫饰学伪的孔子，指出给人们精神世界带来惩罚的，还是他自身的烦乱不安和行动过失，而能够摆脱精神桎梏的只有真人，即形同槁木、超脱于世俗之外的人。第四部分至『达小命者遭』，先借孔子之口大谈人心叵测，择人困难，再用正考父做官为例，引出处世原则的讨论，这就是态度谦下，不自以为是，不自恃傲人，而事事通达随顺自然。余下为第五部分，进一步阐述处世之道。连续写了庄子的三则小故事，旨意全在于说明一无所求的处世原则；最后又深刻指出，不要自恃明智而为外物所驱使，追求身外的功利实是可悲，应该有所感才有所应。

天下

天下之治方术者多矣，皆以其有为不可加矣！古之所谓道术[1]者，果恶乎在？曰：『无乎不在。』曰：『神何由降？明何由出？』『圣有所生，王有所成，皆原于一。』

不离于宗，谓之天人；不离于精，谓之神人；不离于真，谓之至人。以天为宗，以德为本，以道为门，兆于变化，谓之圣人；以仁为恩，以义为理，以礼为行，以乐为和，熏然慈仁，谓之君子；以法为分，以名为表，以参为验，以稽为决，其数一二三四是也，百官以此相齿。以事为常，以衣食为主，蕃息畜藏，老弱孤寡为意皆有以养，民之理也。

古之人其备矣乎！配神明，醇天地，育万物，和天下，泽及百姓，明于本数，系于末度，六通[2]四辟，小大精粗，其运无所不在。其明而在数度者，旧法、世传之史尚多有之；其在于《诗》《书》《礼》《乐》者，邹鲁之士、搢绅先生多能明之。《诗》以道志，《书》以道事，《礼》以道行，《乐》以道和，《易》以道阴阳，《春秋》以道名分。其数散于天下而设于中国者，百家之学时或称而道之。

天下大乱，贤圣不明，道德不一。天下多得一察焉以自好。譬如耳目鼻口，皆有所明。不能相通。犹百家众技也，皆有所长，时有所用。虽然，不该不遍，一曲之士也。判天地之美，析万物之理，察古人之全。寡能备于天地之美，称神明之容。是故内圣外王之道，暗而不明，郁而不发，天下之人各为其所欲焉以自为方。悲夫！百家往而不反，必不合矣！后世之学者，不幸不见天地之纯，古人之大体，道术将为天下裂。

【注释】

①道术：普遍真理。

②六通：指六合，即上下四方通达。

【译文】

现在研究方术的人不少，都以为自己的学说很厉害，再好不过了。古时候所谓的普遍真理，究竟在哪里呢？答案是：『无所不在。』问道：『天道的神妙什么样？人类的智慧以怎样的形式表现出来？』他们说：『圣人创生了智慧，君王成就了功业，他们都离不开永远正确的普遍真理。』

不离开道的本质的人，就是天人；不离开道的根本的人，就是神人；不离开道的真实的人，就是至人。天为主宰，德为根本，道为门径，能预见变化的征兆端倪的人，就是圣人；以仁德施惠人民，以正义治理人民，用礼仪教化人民的行为，用音乐谐和人民的性情，举止言谈温和而仁慈的人，就是君子；以法度来决定社会分工，以名分作为社会身份的高低，以比较来验证，以考核来决定，把他们分为若干的等级，百官据此分出不同的序列，百姓务农、工商，他们为社会提供衣食之需，繁殖生息，积蓄储藏，老弱孤寡都能够过上正常的生活，这就是治民之道。

古之圣人崇道！与自然为一体，取法天地，哺养万物，调和天下，恩泽百姓，懂得大道和礼法度数，东西南北上下无所不通，大小粗细的道术运行正常。那些古代道术表现于礼法度数方面的，在世代流传的法规和史书上还保存着很多，比如存在于《诗》《书》《礼》《乐》中的，邹鲁之地的学者和官吏大多能够明晓。《诗》的核心内容是情志，《书》核心内容是政事，《礼》核心内容是行为规范，《乐》核心内容是情性的调和，《易》核心内容是阴阳的变化，《春秋》核心内容是不同的名分。古代道术散布于天下并在国内实行，各家的学者常常在称扬和讲述。

国家大乱，贤能与圣明的标准不明确，道德不统一，所有的人得到一孔之见就以为了不起了。譬如耳朵、眼睛、鼻子、嘴巴，都有各自的用处，却不能相互通用。再说百家的各种技艺，各有专长，适时方有所用。虽然如此，却无法兼备，无法周遍，只是偏执于一孔之见的曲士。他们割裂了天地的纯美，离析了万物常理，

抛弃了古人的完美道德，很少能具备天地的纯美，就不是大道包容之象。这样得道的人，内足以滋身养性而成为圣人，出而经世也足以成为明王，暗淡而不显现，闭结而不发扬，天下的人各做其所好而自为是。可悲啊，百家学派走入极端而不知悔改，必定不能与古代的道术相合了！后世的学者，不幸看不到天地的纯美、古人的道德全貌，道术将被天下人弄得面目全非。

不侈于后世，不靡于万物，不晖于数度，以绳墨自矫，而备世之急。古之道术有在于是者，墨翟、禽滑厘闻其风而说之。为之大过，已之大顺。作为《非乐》，命之曰《节用》。生不歌，死无服。墨子泛爱①兼利而非斗，其道不怒。又好学而博，不异，不与先王同，毁古之礼乐。

黄帝有《咸池》，尧有《大章》，舜有《大韶》，禹有《大夏》，汤有《大濩》，文王有《辟雍》之乐，武王、周公作《武》。古之丧礼，贵贱有仪，上下有等。天子棺椁七重，诸侯五重，大夫三重，士再重。今墨子独生不歌，死不服，桐棺三寸而无椁，以为法式。以此教人，恐不爱人；以此自行，固不爱己。未败墨子道。虽然，歌而非歌，哭而非哭，乐而非乐，是果类乎？其生也勤，其死也薄，其道大觳。使人忧，使人悲，其行难为也。恐其不可以为圣人之道，反天下之心，天下不堪。墨子虽独能任，奈天下何！离于天下，其去王也远矣！

墨王称道曰：『昔者禹之湮洪水，决江河而通四夷九州也。名川三百，支川三千，小者无数。禹亲自操橐耜而九杂天下之川。腓无胈②，胫无毛，沐甚雨，栉疾风，置万国。禹大圣也，而形劳天下也如此。』使后世之墨者，多以裘褐为衣，以跂蹻为服，日夜不休，以自苦为极，曰：『不能如此，非禹之道也，不足谓墨。』

相里勤之弟子，五侯之徒，南方之墨者苦获、已齿、邓陵子之属，俱诵《墨经》，而倍谲不同，相谓别墨。以坚白同异之辩相訾，以觭偶不仵之辞相应。以巨子为圣人。皆愿为之尸，冀得为其后世，至今不决。

墨翟、禽滑厘之意则是，其行则非也。将使后世之墨者，必自苦以腓无胈、胫无毛相进而已矣。乱之上也，治之下也。虽然，墨子真天下之好也，将求之不得也，虽枯槁不舍也，才士也夫！

【注释】

①泛爱：爱一切人，博爱之意。

②腓：腿肚子。胈：汗毛。

【译文】

不教后人奢侈，不浪费。不被等级制度迷惑，用规矩来劝勉自己，以图尽快拯救世人。古代的『道』有着重这方面的内容。墨翟、禽滑厘很喜欢这样的学术风气。他们提倡的『交相利，兼相爱』的理论太理想化了，要人们节用、非乐，也有些过分。

他们写了《非乐》，把自己的节用理论写成《节用》篇；要求人们生时不唱歌，死时不厚葬。墨子博爱所有的人，宣扬兼爱互利，让天下人通过交往得到利益而反对战争。他主张人们不发脾气；他又爱好学习，博闻强记。他主张天下大同，不和先王之道尽同，抛弃古代的礼乐。

黄帝时的音乐叫《咸池》，尧时的音乐叫《大章》，舜时的音乐叫《大韶》，禹时的音乐叫《大夏》，汤时的音乐叫《大濩》，文王时的音乐叫《辟雍》，武王、周公时则制作《武》。古代的丧礼，贵贱之间的仪式不同，上下等级制度不同：天子的棺椁有七层，诸侯的棺椁则有五层，大夫的棺椁只有三层，士的棺椁只能有二层。现在，墨家学派偏偏主张生时不唱歌，死时不厚葬，只用三寸厚的桐木棺材就可以了，不搞一层又一层的外椁，并作为天下人效法的准则。以此来教导别人，恐怕很难激发人们的爱人之心；以此来自行其事，实在是不爱护自己。这并非完全抛弃墨子的学说，如果人们该唱歌时不唱歌，该哭泣时不哭泣，该奏乐时不奏乐，这难道合乎人情吗？人活时要勤劳，死后要薄葬且不讲礼仪，这样的学说太苛刻了；该忧伤时让人忧伤，该悲哀时让人悲哀，这才是正常的。墨家的主张很难实行，这种学说恐怕也难以成为圣人之道，因为它违反了全人类的心意，天下人不堪赞同并接受。虽然墨家学派能自行其是，但他们能把天下人怎么样呢？与天下人的基本情感方式脱节，与王者之道也就太不合拍了。

墨子称道说：『从前大禹治水，疏导长江、黄河而沟通了华夏，著名的大河有三百条，支流有三千条，小河沟数不清。禹亲自操着盛土和挖土的工具治水。累得他腿肚子没有肉，小腿上汗毛磨尽，淫雨冲洗着身体，狂风梳理着头发，终于成功。禹是大圣人，却为了天下人劳累至此。』他让后世的墨者多用粗布做衣服，脚穿木屐和麻鞋，日夜不停劳作，把使自己辛劳当作最高准则，说：『不如此，就不符合禹的道，就是墨者。』

相里勤、五侯的门徒，南方的墨者如苦获、已齿、邓陵子等，都诵读《墨经》，但是解释不同，相互说对方不是正统；他们用同类的说法相互诋毁，用奇偶不合的言辞互相应答，把本派的巨子当作圣人，都愿意尊奉他为首领，希望他能把正统墨学传下去，至今仍在争吵。

墨翟、禽滑厘的想法很好，可他们的做法过于苛刻。这将使后世的墨者一定要让自己劳苦，累得腿肚子没有肉、小腿上汗毛磨尽，以此来相互竞争罢了。这多半会乱天下，很少会治天下。即使这样，墨子却真是天下的美士，是不可多得的，即使累得形容枯槁也不放弃自己的主张，确实是个能人！

不累于俗，不饰于物，不苟于人，不忮[1]于众，愿天下之安宁以活民命，人我之养，毕足而止，以此白心。古之道术有在于是者。宋钘、尹文闻其风而说之，作为华山之冠以自表，接万物以别宥为始。语心之容，命之曰『心之行』，以聏[2]合欢，以调海内，请欲置之以为主。见侮不辱，救民之斗，禁攻寝兵，救世之战。以此周行天下，上说下教，虽天下不取，强聒而不舍者也，故曰：上下见厌而强见也。

虽然，其为人太多，其自为太少，曰：『请欲固置五升之饭足矣。』先生恐不得饱，弟子虽饥，不忘天下，日夜不休，曰：『我必得活哉！』图傲乎救世之士哉！曰：『君子不为苛察，不以身假物。』以为无益于天下者，明之不如已也，以禁攻寝兵为外，以情欲寡浅为内。其小大精粗，其行适至是而止。

公而不党，易而无私，决然无主[3]，趣物而不两，不顾于虑，不谋于知，于物无择，与之俱往。古之道术有在于是者，彭蒙、田骈、慎到闻其风而悦之。齐万物以为首，曰：『天能覆之而不能载之，地能载之而不能覆之，大道能包之而不能辨之。』知万物皆有所可，有所不可，故曰：『选则不遍，教则不至，道则无遗者矣。』

是故慎到弃知去己，而缘不得已。泠汰于物，以为道理。曰知不知，将薄知而后邻伤之者也。謑髁无任，而笑天下之尚贤也；纵脱无行，而非天下之大圣；椎拍輐断，与物宛转；舍是与非，苟可以免，不师知虑，不知前后，魏然而已矣。推而后行，曳而后往。若飘风之还，若羽之旋，若磨石之隧，全而无非，动静无过，未尝有罪。是何故？夫无知之物，无建己之患，无用知之累，动静不离于理，是以终身无誉。故曰至于若无知之物而已，无用贤圣。夫块不失道。豪桀相与笑之曰：『慎到之道，非生人之行，而至死人之理，适得怪焉④。』

田骈亦然，学于彭蒙，得不教焉。彭蒙之师曰：『古之道人，至于莫之是莫之非而已矣。其风窢然，恶可而言？』常反人，不见观，而不免于魭断。其所谓道非道，而所言之韪不免于非。彭蒙、田骈、慎到不知道。虽然，概乎皆尝有闻者也。

【注释】

①忮：违逆。

②聏：柔和。

③决然无主：如水决于东则东流，决于西则西流的样子，引申为随和。

④适得怪焉：理应受到责怪和批评。

【译文】

不为流俗所累，不因外物而矫饰，不对别人提出过严的要求，不违背众人的心情，但愿天下太平，人人都能活下来，自己和他人生存条件能够得到保证就心满意足，并以此来表明自己的心迹。古时候的『道』确实包含以上内容。宋钘、尹文听闻这方面的遗风就很高兴。他们戴着特制的华山形状的帽子来表明自己的信念，应接外物总是先清除各式成见；他们竭力讨论人的思想活动，他们称这是内心的行为。他们用和顺柔韧的态度迎合人们的欢心，并调谐天下，而把抑制个人的情感和欲念看作根本。他们受到侮辱却不以为耻辱，一心排除争斗；他们主张禁绝攻伐停止暴力行动，一心想平息世上的战争。以此周游天下，对上劝谏诸侯，对下教导百姓，即使天下人都不采纳，他们也絮絮不休地说个没完。所以说，他们被上上下下嫌弃却仍然不遗余力地反复陈述。

即使这样，他们依然为别人考虑很多，为自己考虑很少。他们常说：『只希望准备五升米的饭食就行了！』他们中的师长恐怕都不能吃饱，弟子们就是忍饥挨饿，也不忘怀天下的事务。他们无日无夜地为世人奔波，说：『我们都得生存下去啊！』那伟岸的样子确实是救世的人啊！他们还说：『君子不凡事计较而苛求于人，也不会让自身为外物所役使。』他们认为对大家不好的事情，与其竭力申辩倒不如马上停止。他们把不要攻伐、平息暴力行动看作是主要的社会活动，把抑制个人的情感和欲念看作是对自身的主要要求，无论哪一个方面，他们的所作所为只不过达到这样的境界罢了。

公正而不结党，平易而不营私，判断时不主观臆测，顺从于客观事物而不与之相违背，不做无谓的顾虑，无心机不算计，不对外物加以选择，同它们一道发展演化。古人的『道』中有这样的说法。彭蒙、田骈、慎到闻知这种风尚，就非常高兴。他们首先要求平等地看待一切事物，说：『天能覆盖万物而无法承载它们，地能承载万物而无法覆盖它们，大道能够包罗万物却无法对它们加以辩别。』他们知道万物都有各自适合与不适合的范畴，为此，他们说：『进行选择便无法做到周全，展开教导就无法兼顾各个方面，只有平等地看待一切事物，不对外物加以选择，才能无所遗漏。』

因此慎到弃智、无我，顺应事物的必然，把听任外物的变化规律作为疏导一切事物的方法。他说：『明知不可知，却急迫地力求知道，这样就会再次使自己受到伤害。』自身怠惰不正没能力却讥笑他人崇尚贤能，自身纵放无德行却讥笑他人尊重圣哲。或是击拍或是削截，只求随物弯曲变化，舍弃心中是非之见，希望能够免于各种牵累。不用巧与谋，不究前因后果，巍然自立罢了。推一推就行进，拽一拽然后前往，像旋风一样回旋，像飞羽一样飘忽，像磨石一样转圈，保全自己不受伤害，动静合宜没有过失，不曾受到祸殃。这是为什么呢？一般情况下没有感知的物类，就不会有个人的忧患，就不会留下使用心计的牵累，或动或静不背离客观，因此一辈子无所谓荣誉。所以说：『达到像没有感知的东西那样罢了，无需贤人圣人，像土块就不会失去规范。』那些有才的人常在一起讥笑说：『慎到的学说，不是活人所能实行，而是死人的道理，理所当然地被人们看作很怪异。』

田骈也是如此，向彭蒙学习，受到会心的传授。彭蒙的老师说：『古时侯得道的人，达到了凡事不绝对的境界而已。犹如迅急而过的风声不留一点踪迹，怎么可以加以言说？』他们总违背天下人的意愿，不能引起天下人的关注，因而始终不能免于随物变化，他们所说的齐同划一的规范并不是真正的道，因而所说的正确也是谬误的。彭蒙、田骈与慎到都不是真正懂得道。虽然如此，他们恐怕都听说过有关大道的粗略意思。

以本为精，以物为粗，以有积为不足，澹然[①]独与神明居，古之道术有在于是者。关尹、老聃闻其风而说之。建之以常无有，主之以太一，以濡弱[②]谦下为表，以空虚不毁万物为实。

关尹曰：『在己无居，形物自著。』其动若水，其静若镜，其应若响。芴乎若亡，寂乎若清。同焉者和，得焉者失。未尝先人而常随人。

老聃曰：『知其雄，守其雌，为天下谿；知其白，守其辱，为天下谷。』人皆取先，己独取后，曰受天下之垢。人皆取实，己独取虚，无藏也故有余。岿然而有余。其行身也，徐而不费，无为也而笑巧。人皆求福，己独曲全，曰苟免于咎。以深为根，以约为纪，曰：『坚则毁矣，锐则挫矣。』常宽容于物，不削于人。可谓至极。关尹、老聃乎，古之博大真人哉！

芴漠[③]无形，变化无常，死与生与，天地并与，神明往与！芒乎何之，忽乎何适，万物毕罗，莫足以归，古之道术有在于是者。庄周闻其风而说之。以谬悠之说，荒唐之言，无端崖之辞，时恣纵而不傥，不以觭[④]见之也。以天下为沈浊，不可与庄语，以卮言为曼衍，以重言为真，以寓言为广。独与天地精神往来而不敖倪于万物，不谴是非，以与世俗处。

其书虽瑰玮，而连犿无伤也。其辞虽参差而諔诡可观。彼其充实不可以已，上与造物者游，而下与外死生无终始者为友。其于本也，弘大而辟，深闳而肆，其于宗也，可谓稠适而上遂矣。虽然，其应于化而解于物也，其理不竭，其来不蜕，芒乎昧乎，未之尽者。

【注释】

①澹然：指不挂一物的样子。

②濡弱：柔弱。

③芴漠：恍惚茫昧。

④觭：角一俯一仰，今说某一种倾向。

【译文】

把事物的本源看作精华，把具体的事物看作糟粕，把积蓄看作是不足现，无牵无挂恬淡自然却独能与神明同在，古代的『道』有属于这方面的说法。关尹、老聃听了这种说法一定会很高兴。建立了有无永远相对存在的学说，把混沌齐一的最初境界视为学说的核心内容。以柔弱谦下为外在表现，以虚怀若谷、不伤害万物为根本。

关尹说：『在自己身上不留痕迹，有形的外物自然毕显无遗。』动起来像水流，静下来的时候像照镜子，其反应像回声。恍惚之间像什么也没有，寂静得像一潭清水。随同则和谐，获取则损失。不追求超越便不舍脱离他人。

老聃说：『知道雄性之强，却坚守雌性之弱，甘做天下的小溪；知道光明却独守黑暗，只做天下的峡谷。』

别人都争先，自己却甘居后，这叫作甘受天下的垢辱。他人都求实际，自己独求虚无，没有蓄藏就是有余。这不就是巍然独立而充实有余吗？他自在独立地做事，惬意而不费精神，无为并嘲笑那些所谓的智谋。别人都追求多福，自己只委曲求全，叫作暂且不会遭遇祸患。以深藏为根本，以隐约为守则。说：『坚硬便会毁坏，锐利就会受挫折。』经常宽容地对待事物，不侵犯别人，这可以说达到最高境界了。关尹和老聃，的确是古代宽宏伟大的真人啊！

寂静空虚，不可以捉摸，千变万化，没有统一的规律，是死还是生？天地一体吗？阴与阳在运动吗？恍惚地从哪里来的呢？又将向何处去呢？万物全包容在其中，没有地方足以成为它们的落脚点。古人的『道』中有这样的说法。庄子闻知这种风尚，一定非常高兴十分欣赏。他惯用虚渺悠远的论调、广大寥廓的话、漫无边际的表现手法，常常恣意挥洒而不从正面直言阐述，不局限于一种方式来展示自己的思想。他认为天下人都是污浊的，不可与他们庄重交流。所以用随意调遣的语言来铺叙，复述前人的言论进行佐证，用别有寓意的词句来表现高深的内涵。他一个人同至广至大的天地和至神至妙的精神相往来，而不睥睨纷纭琐屑的万物，不谴责是非，以此与世俗同在。

他的作品尽管奇崛而宏大，却能曲意婉转，随和于物，不害其义。其语句尽管参差不齐、虚实相杂，却也奇妙、优美，很有看头。其内涵是如此充实，令人不能望其项背。他上与造物主一同遨游，下与跳出生死之外、无始无终的人结为好友。其学说的本质，恢宏博大而开阔，深邃广大而纵逸；其学说的归宿，是和谐的，是具有至高境界的。即便这样，在与事物演化的呼应和对事物的分析上，他的理论没有穷尽之处，他的学说难以理解，深奥玄妙，令人不能完全地掌握它。

惠施多方，其书五车，其道舛驳，其言也不中。历物[①]之意，曰：『至大无外，谓之大一；至小无内，谓之小一。无厚，不可积也，其大千里。天与地卑，山与泽平。日方中方睨，物方生方死。大同而与小同异，谓之「小同异」；万物毕同毕异，谓之「大同异」。南方无穷而有穷。今日适越而昔来。连环可解也。我知天下之中央，燕之北越之南是也。泛爱万物，天地一体也。』

惠施以此为大，观于天下而晓辩者，天下之辩者相与乐之。卵有毛；鸡三足；郢有天下；犬可以为羊；马有卵，丁子有尾；火不热；山出口；轮不碾地；目不见；指不至，物不绝；龟长于蛇；矩不方，规不可以为圆；凿不围枘；飞鸟之景未尝动也；镞矢之疾而有不行不止之时；狗非犬；黄马骊牛三；白狗黑；孤驹未尝有母。一尺之捶，日取其半，方世不竭。辩者以此与惠施相应，终身无穷。

桓团、公孙龙辩者之徒，饰人之心，易人之意，能胜人之口，不能服人之心，辩者之囿也。惠施日以其知与人之辩，特与天下之辩者为怪，此其柢也。

然惠施之口谈，自以为最贤，曰：『天地其壮乎！施存雄而无术。』南方有倚[②]人焉，曰黄缭，问天地所以不坠不陷，风雨雷霆之故。惠施不辞而应，不虑而对，遍为万物说，说而不休，多而无已，犹以为寡，益之以怪。以反人为实，而欲以胜人为名，是以与众不适也。弱于德，强于物，其涂隩矣。由天地之道观惠施之能，其犹一蚊一虻之劳者也。其于物也何庸？夫充一[③]尚可，曰愈贵道，几矣！惠施不能以此自宁，散于万物而不厌，卒以善辩为名。惜乎！惠施之才，骀荡而不得，逐万物而不反，是穷响以声，形与影竞走也。悲夫！

【注释】

①麻物：观察方物，分析事理。

②倚：通『奇』，异人。

③充一：充当一家之言。

【译文】

惠施这个人很有智谋，他的藏书有五车之多，他的观点驳杂不纯，言论不合大道。他研究万物之理，说：『极大而无外围，就是大一；极小而无内核，就是小一。没有厚度之物，是不能堆积起来的，然而它的面积却可以大到千里。天地一样的低，山水一样的平。太阳刚刚正中，就要慢慢落山了；万物刚刚出生，便已开始走向死亡。大同和小同有差异，叫作小同异；所有事物都一样，也完全不一样，叫作大同异。南方的地方是无限的，又是有限的。今天动身去越国，可是昨天便已经到达了。封闭的连环是可以解开的。我知道天下的中央，可以是在燕国的北面，也可以是在越国的南面。普遍地爱大自然，因为天地万物是一体的。』

他把这些当作伟大的真理，向所有人显示而让那些善辩的人知晓，天下的辩士都乐于跟他辩论下面的问题：卵中有毛；鸡有三只脚；楚国的都城郢包容天下；犬可以称作羊；马是有卵的；蛤蟆有尾巴；火不热；山有口；车轮是不蹍地面的；眼睛不能看到物；伸长手指而指的长度不是人所能到达的，所能到达的也绝非尽头；龟比蛇长；矩不能画出真方，规不能画出真圆；卯眼与榫头不能完全相合；飞鸟的影子不曾移动过；疾飞之箭在每一瞬间既是静止又是运动的；狗并非是犬；黄马、骊牛加起来有三个；白狗是黑的；孤驹不曾有母亲；一尺长的木棍，每天截取它的一半，永世也无法截完。辩士用这些论题跟惠施辩论，一直都没有定论。

桓团、公孙龙皆好辩之人，蒙蔽大家的心，改变大家的本意，虽能让人口服，却不能让人心服，这是好辩者的局限。惠施每天以自己的小聪明与天下人辩论，专门与天下的同类制造怪论，这就是他们的本质。

虽然惠施自以为其辩才高明，说：『天地能比我更了不起吗？』但惠施有雄辩之才却不懂得『道』。

南方有一个怪人叫黄缭，问天地为何不陷，风雨雷霆都是什么原理。惠施毫不辞让，不假思索就说出了答案，并对万物喋喋不休加以解说，还以为解释得不充分，还要加上一些奇谈怪论。实际上是要与人对立，却要以辩胜别人获取名声，所以与众人难以达到统一，轻视道德的修养，强调对外物的辨析，他走的是弯路。从规律来看惠施的技能，只不过一只蚊子或一只牛虻的徒劳罢了。对于大自然何用之有呢！他的学说作为一家之言还行，要把它说成伟大的『道』，那就不行了！但惠施还不安分，放任心思对万物进行辩论，最终也没得到善辩的名声。可惜呀！惠施的才能，放荡不羁而无所得，陷于万物之中而不能归于真正的道。实在是用喊声来压住回声，用形体和影子赛跑！这实在是可悲啊！

【品读】

《天下》的主旨既是《庄子》一书的导言，又是中国最早的哲学史学史。全篇分七部分，是记录先秦诸子百家历史渊源、来龙去脉，评价其主要思想，并且加以批评的总结性的论文。

第一部分至『其运无乎不在』，提出学术问题有道术和方术之分。道术是普遍的学问，只有天人、圣人、神人、至人才能掌握它。方术则是具体的各家各派的学问，这种学问都是各执一偏的片面的学问。第二部分至『道术将为天下裂』，阐述了庄子对儒家学派的看法，认为儒家主要是明传《诗》《书》《礼》《易》《春秋》的。第三部分至『才士也夫』，说明了墨子、禽滑厘的墨家学派的学说。对墨家的非乐、节用、兼爱、节葬以及后期墨者的墨辩都作了充分的肯定和赞同。因为墨家的这些思想与庄子的轻物思想有一致之处。第四部分至『其行适至是而止』，介绍了宋钘、尹文的不累于俗、不饰于物、不苟于人、不忮于众的『白心』的观点。第五部分至『概乎皆尝有闻者也』，着重介绍了彭蒙、田骈、慎到的思想。第六部分至『未之尽者』，介绍了关尹、老聃的思想。充分地肯定了他们的道的观点和谦下的处世态度，称他们是古之博大真人。余下为第七部分，叙述了『历物十事』和名家的二十一事的命题，反对了名家的诡辩。庄子在书中虽然也吸收了一些诸如方生方死的对立转化观点，但总体上他与惠施的观点是相反的。

附录二：庄子及其《庄子》

庄子（公元前369—公元前286年），名周，宋国蒙城（今河南省商丘县东北）人。庄子是中国历史上著名的思想家，也是道家学派的主要创始人之一。著有《庄子》一书，他的思想对中国传统的哲学、文学、宗教、艺术都产生了巨大而深远的影响。

一、庄子生平

庄子自幼家贫，长大后曾做过漆园小吏。庄子最崇尚的是老子的道家之学。虽然他学识渊博，却生不逢时，最后连个漆园小吏也不愿做，辞官归隐了。

辞官后的庄子生活窘迫，常有断炊之虞，不得不向人借米度日。庄子是一个交游很广的人，在社会上的名气很大。有一次他去拜访魏王，尽管事前刻意准备了一番，但也只是穿着带有补丁的粗麻衣服，仅仅整理一下腰带、绑绑鞋子而已。魏王见到他这副模样，也觉得他太寒酸了。

由于对时代和社会有切肤的感受，所以庄子始终抱着不与统治者合作的态度。楚威王听说庄子才识渊博，便有意拜他为相，专门派使者带上丰厚的钱财去聘请他。但庄子见后哈哈大笑，对使者说：『我听说楚国有一只神龟，已经死了三千年，楚王仍然将其包好藏在庙堂之上。你说，是做个死龟，留下骨架让人供奉好呢，还是活着隐居于污泥之中好呢？』使者说：『那当然是活着好啦。』庄子说：『那么你可以回去禀告楚王，我宁可活着隐居于污泥之中。』

后来楚王再次派使者带着重金劝说庄子出来做官。庄子对使者说：『楚王带来的重金确实很诱人，许给我的官位也很尊贵。但是你见过太庙里的祭品牛吗？它活着的时候身披彩绸、吃上好的饲料，而一旦进了太庙，就算想离开做个普通的牛，也很难办得到吧？』所以他又一次拒绝了楚王的聘请。

庄子不仅视权贵如粪土，而且极度厌恶那些争权夺势的人。他和惠施原是好朋友，惠施在大梁为相时，庄子前去拜访他。然而惠施事前听人说，庄子是冲着他的相位来的，十分担心庄子有取而代之的意思，因此派人在国中整整搜查了三天三夜，想捉拿庄子。看到惠施这副势利相，庄子真是又好气又好笑，便向惠施讲了一个故事：一种名叫鹓雏的南方鸟，从南海出发飞往北海，一路上非梧桐不栖，非练实不食，非甘泉不饮。鸱鹰得到一只腐烂的死鼠，十分得意，正要享用时，鹓雏从它的头上飞过。鸱鹰以为鹓雏要与自己争食死鼠，惊恐地『哎呀』了一声，紧紧地把死鼠捂住。其实，鹓雏之志岂在死鼠呢。在这个故事里，庄子用鹓雏表示自己的高洁，以鸱鹰和死鼠比喻惠施担心自己的相位。

一次，庄子和惠施在濠梁之上观鱼。庄子说：『你看那些水中的鱼游得多快乐啊！』惠施说：『你又不是鱼，你怎么会知道鱼的快乐呢？』庄子反驳他说：『你又不是我，你怎么知道我不知鱼的快乐呢？』

庄子向往那种能忘却是非、挣脱名利枷锁、不受任何世俗牵累、精神自由快乐的人生境界。他把这样的人称为『至人』，并说：『至人神矣，大泽焚而不能热，河汉冱而不能寒，疾雷破山，飘风振海而不能惊。若然者，乘云气，骑日月，而游乎四海之外。死生无变于己，而况利害之端乎！』

由于庄子继承和发展了老子的道家思想，后来的道家把老子与庄子并称为『老庄』。在道教中，庄子被奉为真人，他写的《庄子》也被奉为道教经典。据传庄子隐居南华山，死后葬南华山。到了唐天宝元年（742

年），庄子被诏封为『南华真人』，《庄子》一书也被称为《南华真经》。

二、《庄子》及其思想

《庄子》一书，现存三十三篇，其中内篇七篇，外篇十五篇，杂篇十一篇。《庄子》一书不但反映了庄子的哲学思想，而且显示了他卓越的文学才华。《庄子》的出现，标志着在战国时期，中国的哲学思想和文学语言，已经发展到非常玄远、高深的层次。《庄子》是中国古代典籍中的瑰宝。庄子不但是中国哲学史上一位著名的思想家，同时也是中国文学史上一位杰出的文学家。无论在哲学思想方面，还是文学语言方面，他都给予了中国历代的思想家和文学家以深刻的、巨大的影响，在中国思想史、文学史上都有极重要的地位。

1．哲学思想

庄子认为，天人之间、物我之间、生死之间以至万物之间存在无条件的同一，即绝对的『齐』：『齐物我、齐是非、齐生死、齐贵贱』，幻想一种『天地与我并生，万物与我为一』的主观精神境界，安时处顺，逍遥自得。而学『道』的最后归宿，也唯有泯除一切差异，从『有待』进入『无待』。在思辩方法上，把相对主义绝对化，转向神秘的诡辩主义。

庄子主张『天人合一』和『清静无为』。他的学说涵盖当时社会生活的方方面面，但精神还是皈依于老子的哲学。庄子曾做过漆园吏，生活贫穷困顿，却鄙

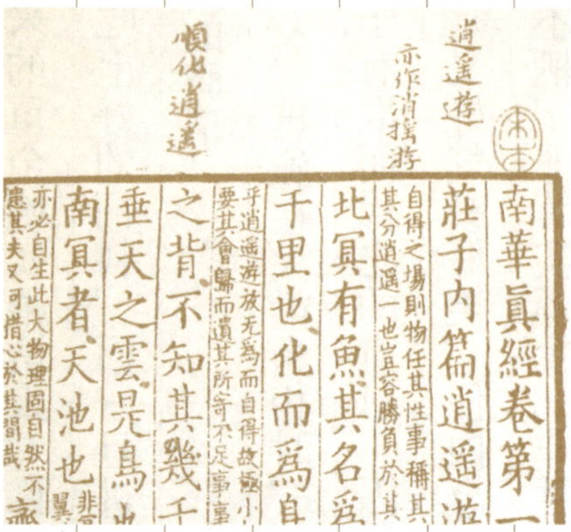

新雨初霽晴氣欲暖幽鳥鳴春
几硯適然對景寫生似南田老人
遺法也 光緒丙戌春日山陰任頤

弃荣华富贵、权势名利，力图在乱世保持独立的人格，追求逍遥无恃的精神自由。

庄子在哲学思想上继承和发展了老子『道法自然』的观点，使道家真正成为一个学派，他自己也成为道家的重要代表人物，与老子并称『老庄』。庄子的才学不可小视，然而其要点归于老子之言，故其著书十余万字，大多都是寓言，如其中的《渔父》《盗跖》《胠箧》等篇，都是用来辨明老子的主张的。他把『贵生』『为我』引向『达生』『忘我』，归结为天然的『道』『我』合一。

庄子在哲学上，继承发展了老子的思想，认为『道』是客观真实的存在，把『道』视为宇宙万物的本源。《庄子·让王》说，大道的真髓、精华用以修身，它的余绪用以治理国家，它的糟粕用以教化天下。《庄子·秋水》又说，不要为了人工而毁灭天然，不要为了世故去毁灭性命，不要为了贪欲去身殉名利，谨守天道而不离失，这就是返璞归真。

庄子思想中一个重要组成部分，就是相对论认识。庄子认为事物总是相对而又相生的，也就是说任何事物都具有既互相对立，又互相依赖的正反两个方面。庄子还认识到事物的变化总是向它对立的方面转化，宇宙万物尽管千差万别，而说到底又是齐一、没有区别的。他认为确定认知的标准是困难的，甚至是不可能的，因为任何认知都会受到特定条件的限制，受到时空的制约。

2. 处世哲学

庄子认为人活在世上须旷达、处之泰然，如『游于羿之彀中，中央者，中地也；然而不中者，命也』（《内篇·德充符》）『羿，古之善射者，弓矢所及为彀中，夫利害相攻则天下皆羿也。』（《庄子集解》）彀指利害得失，『故免乎弓矢之害者，自以为巧，欣然多己，及至不免，则自恨其谬而志伤神辱，斯未能达命之情者也。』（《庄子集解》）放弃中与不中的想法，才能『知不可奈何而安之若命』（《内篇·德充符》）。对于君主的残暴，庄子一再强调：『回闻卫君，其年壮，其行独。轻用其国，而不见其过。轻用民死，死者以国量乎泽若蕉，民其无如矣。』（《内篇·人间世》）所以庄子不愿去做官，因为他认为伴君如伴虎，只能『顺』。『汝不知夫养虎者乎！不敢以生物与之，为其杀之之怒也；不敢以全物与之，为其决之之怒也。时其饥饱，达其怒心。虎之与人异类，而媚养己者，顺也；故其杀者，逆也。』（《内篇·人间世》）还要防止马屁拍到马脚上，『夫爱马者，以筐盛矢，以蜃盛溺。适有蚊虻仆缘，而拊之不时，则缺衔毁首碎胸。』（《内篇·人间世》）伴君之难，可见一斑。庄子认为人生应该追求自由。

3. 政治思想

庄子和儒、墨有一点很大的不同，儒家、墨家推崇圣人，而道家则反对推崇圣贤。庄子反对『人为』，理想的社会是所谓『至德之世』。《庄子·应帝王》：『南海之帝为倏，北海之帝为忽，中央之帝为混沌。倏与忽时相与遇于混沌之地，混沌待之甚善。倏与忽谋报混沌之德，曰：「人皆有七窍以视听食息，此独无有，尝试凿之。」日凿一窍，七日而混沌死。』这是主张自然，反对人为的寓言。

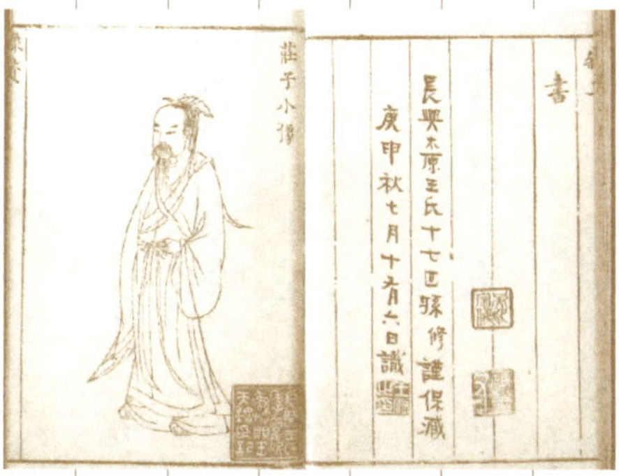

4. 游世思想

游世思想是庄子思想中一个重要的部分。《庄子》三十三篇中，大多数篇章都涉及这个以游乐态度解脱人生痛苦的主题，尤其以内七篇谈得深入集中。古人认为庄子比较重视游世思想，有人甚至说，『游』

这个字就是《庄子》的中心。现代庄子研究，则比较重视道论而轻视游世思想。

庄子一方面是故意以玩世不恭的态度，继承了隐者传统的心情来进行灰暗的主题叙述，就是以轻视现实和躲避矛盾，来保护一种弱意义的生存欲求。可是另一方面，庄子又认为在这样黑暗的存在背景中，隐者传统意义的个人出路是根本行不通的。所以，庄子干脆把一种故意不肯负责任的游乐态度贯彻到底，不仅游乐地对待现实世界，而且游乐地对待个人生死，游乐地对待人生一切可能的期待，传统隐者始终小心翼翼保护着的软弱的个人生存渴望被庄子戏谑地扔进黑暗的游乐世界之中。

庄子的『道』是天道，是效法自然的『道』，而不是人为的残生伤性的。在庄子的哲学中，『天』是与『人』相对立的两个概念，『天』代表自然，而『人』指的就是『人为』的一切，与自然相背离的一切。『人为』两字合起来，就是一个『伪』字。庄子主张顺从天道，而摒弃『人为』，摒弃人性中那些『伪』的杂质。顺从『天道』，从而与天地相通，就是庄子所提倡的『德』。

在庄子看来，真正的生活是自然而然的，因此不需要去教导什么，规定什么，而是要去掉什么，忘掉什么，忘掉成心、机心、分别心。既然如此，就用不着政治宣传、礼乐教化、仁义劝导。这些宣传、教化、劝导，庄子认为都是人性中的『伪』，所以要摒弃它。在庄子看来，不凝滞就是于自然无所违，不凝滞于任何思想、任何事物，从而达到圣人不凝滞于物的境界。吾生有涯，而知也无涯，以有限的生命极端地追求无穷的知识、利益，而忽略身边一切的美好，这是滞碍郁滞的。庄子认为只有不滞于不滞，才可乘物以游心，而不被任何思想、利益所奴役、拖累，才是全生。这对中国后世哲学、艺术、各宗教经典产生了深远的影响。

三、《庄子》的文学成就

《庄子》在中国文学史和思想史上占有重要地位，其文章具有浓厚的浪漫色彩，对后世文学有深远影响。

《庄子》一书，文字汪洋恣肆，意象雄浑飞越、气势壮阔、瑰丽诡谲，给人以超凡脱俗与崇高美妙的感受。

庄子的想象力极为丰富，语言运用自如，灵活多变，能把一些微妙难言的哲理说得引人入胜。他的作品被人称为『文学的哲学，哲学的文学』。庄子的散文极具浪漫主义风格，采用大量寓言故事，想象奇特，形象生动。此外，他还善于运用各种譬喻，活泼风趣，睿智深刻，极有独创性。

《庄子》在哲学、文学上都有较高研究价值，和《周易》《老子》并称为『三玄』。鲁迅评价说：『其文汪洋辟阖，仪态万方，晚周诸子之作，莫能先也。』（《汉文学史纲要》）名篇有《逍遥游》《齐物论》《养生主》等，《养生主》中的『庖丁解牛』尤为后世传诵。

《庄子》全书以『寓言』『重言』『卮言』为主要表现形式，继承老子学说而倡导自由主义，蔑视礼法权贵而倡言逍遥自由，

内篇的《齐物论》《逍遥游》和《大宗师》集中反映了此种哲学思想。

《庄子》文章结构很奇特，看起来并不严密，常常突兀而来，行所欲行，止所欲止，汪洋恣肆，变化无端，有时似乎不相关，任意跳荡起落，但思想却能一线贯穿。句式也富于变化，或顺或倒，或长或短，更加之词汇丰富，描写细致，又常常不规则地押韵，极富表现力、独创性，具有很高的文学价值。

总体来说，庄子的散文在古代散文中罕有其比，在中国文学史上独树一帜，对后世文学具有深远的影响。他的文章体制已脱离语录体形式，标志着先秦散文已经发展到成熟的阶段。可以说，《庄子》代表了先秦散文的最高成就。